Entre a Dúvida e o Dogma:

Liberdade de Cátedra e Universidades Confessionais

Organizadores
Debora Diniz
Samantha Buglione
Roger Raupp Rios

LETRAS LIVRES

livraria
DO ADVOGADO
editora

Brasília / Porto Alegre

2006

Copyright © 2006 by LetrasLivres
Todos os direitos reservados

Copidesque e Revisão: Ana Terra Mejia Munhoz
Capa e Editoração Eletrônica: Ramon Navarro e Lílian Valéria
Normalização Bibliográfica: Kátia Soares Braga
Consultoria Editorial: Fabiana Paranhos
Pesquisa Bibliográfica: Kátia Soares Braga, Elise Nascimento e Gracielle Ribeiro
Tradução: Ana Terra Mejia Munhoz e Célia Diniz
Revisão das Traduções: Debora Diniz

Dados Internacionais de Catalogação na Publicação (CIP)
Bibliotecária Responsável: Kátia Soares Braga (CRB/DF 1522)

Diniz, Debora. (Org.)
 Entre a dúvida e o dogma: liberdade de cátedra e universidades confessionais. / Debora Diniz; Samantha Buglione; Roger Raupp Rios. (Organizadores). Brasília : LetrasLivres; Porto Alegre : Liv. do Advogado, 2006. 216p. —

 Conteúdo: Introdução / Debora Diniz, Samantha Buglione e Roger Raupp Rios; Sócrates na universidade religiosa / Martha Nussbaum; Quando a verdade é posta em dúvida: liberdade de cátedra e universidades confessionais / Debora Diniz; No fio da navalha: os limites da autonomia universitária e a liberdade de cátedra / Samantha Buglione; Entre a cruz e a espada: autonomia das universidades confessionais e a liberdade de cátedra na Constituição da República de 1988 / Roger Raupp Rios; Autonomia universitária como instrumento de garantia do pluralismo de idéias / Luiz Magno P. Bastos Jr.; A liberdade de cátedra universitária face à interpretação do conceito de autonomia didático-científica: uma abordagem jurídico-administrativa / Luiz Henrique Urquhart Cademartori; Bibliografia brasileira sobre liberdade de cátedra / Kátia Soares Braga.

 ISBN 85-98070-11-4
 ISBN 85-7348-011-4

 1. Liberdade de cátedra — Brasil. 2. Liberdade de ensino — Brasil. 3. Liberdade de expressão — Brasil. 4. Autonomia universitária — Brasil. 5. Ensino superior — Brasil. 6. Instituição confessional — Brasil. 7. Ensino e Estado — Brasil. 8. Estado laico — Brasil. I. Buglione, Samantha. (Org.) II. Rios, Roger Raupp. (Org.). III. Título. IV. Título: liberdade de cátedra e universidades confessionais.

CDD 378.81
CDU 342.727 (81)

A obra será indexada na LILACS
Foi feito depósito legal

CCR/Prosare
Fundação Ford
Impresso no Brasil

AGRADECIMENTO

Os organizadores agradecem o apoio institucional e financeiro concedido pelo PROSARE/CEBRAP/CCR, com patrocínio da The John D. e Catherine T. MacArthur Foundation, para a realização do projeto "Liberdade de Cátedra e Direitos Sexuais e Reprodutivos: promovendo uma norma constitucional no Brasil", que deu origem a este livro.

SUMÁRIO

Introdução   *9*
Debora Diniz, Samantha Buglione e Roger Raupp Rios

1. Sócrates na universidade religiosa   *21*
   Martha Nussbaum

2. Quando a verdade é posta em dúvida: liberdade de cátedra e universidades confessionais   *71*
   Debora Diniz

3. No fio da navalha: os limites da autonomia universitária e a liberdade de cátedra   *105*
   Samantha Buglione

4. Entre a cruz e a espada: autonomia das universidades confessionais e a liberdade de cátedra na Constituição da República de 1988   *131*
   Roger Raupp Rios

5. A liberdade de cátedra universitária face à interpretação do conceito de autonomia didático-científica: uma abordagem jurídico-administrativa   *151*
   Luiz Henrique Urquhart Cademartori

6. Autonomia universitária como instrumento de garantia do pluralismo de idéias   *170*
   Luiz Magno P. Bastos Jr.

7. Bibliografia brasileira sobre liberdade de cátedra   *193*
   Kátia Soares Braga

Sobre os autores   *211*

...Eu elogio todo ceticismo ao qual posso responder: "Tentemos!". Mas já não quero ouvir falar de todas essas coisas e questões que não permitem o experimento. Este é o limite do meu "senso de verdade"; pois ali a coragem perdeu seu direito...
Friedrich Nietzsche

...A verdade não se impõe senão pela força da própria verdade, a qual penetra nas mentes suavemente, porém com vigor...
Concílio Vaticano II

...Entrar para o mundo acadêmico é entrar em uma busca incessante por conhecimento e liberdade...
Edward Said

INTRODUÇÃO

Durante um ano, o cardeal Carlo Maria Martini e o escritor Umberto Eco trocaram correspondências públicas. Os temas do diálogo eram variados, porém todos moralmente intensos: a existência de Deus, a moralidade do aborto, a origem da ética ou o sacerdócio feminino. O objetivo das cartas era desnudar os fundamentos de valores e crenças muito diferentes – Martini representava a moralidade católica e Eco valores liberais laicos. As cartas foram posteriormente publicadas no formato de um livro, "Em que crêem os que não crêem?", seguidas de comentários que compuseram o coro diante de um cenário de tolerância, respeito e sabedoria (Eco e Martini, 2000).

Em uma das cartas, Eco provocou Martini sobre as razões de se proibir o sacerdócio de mulheres na Igreja Católica, além de discorrer sobre a representação do feminino na dogmática católica. A tal ponto, Eco reconhecia a delicadeza do tema que protegeu seus argumentos por longas escusas sobre o respeito e a tolerância às religiões, mas deixou clara sua perspectiva liberal de que crenças religiosas são da esfera privada e que não devem ascender à vida pública e tampouco ser impostas aos não-crentes. Martini respondeu às provocações de Eco também com recursos introdutórios muito elegantes, assumindo uma posição de inteira concordância com o interlocutor sobre o caráter soberano da liberdade de consciência: "...qualquer imposição exterior de princípios ou comportamentos religiosos a quem não é consenciente viola a liberdade de consciência..." (2000: 58). Martini reafirmou ainda a importância de qualquer confissão religiosa respeitar as leis do Estado, muito embora tenha frisado o caráter relativo das leis quando comparadas ao absoluto dos dogmas religiosos.

Eco e Martini foram personagens de suas próprias vidas em uma representação pública dos valores democráticos. Como intelectuais, dispuseram-se a confrontar seus argumentos, a despeito do caráter incomensurável de muitos deles. Mas a grandeza do diálogo está além da sabedoria e da elegância argumentativa do escritor e do cardeal: está na demonstração pública de que é possível confrontar verdades, contestar racionalidades, refutar valores, desde que as regras do diálogo sejam previamente acordadas. As regras compartilhadas por Eco e Martini eram as da democracia – em especial a do respeito ao pluralismo moral como uma expressão saudável da diversidade e a do igual direito à representação das idéias quando garantido seu caráter razoável (Rawls, 2000).

"Em que crêem os quem não crêem?" não é simplesmente um diálogo entre um crente e um não-crente. É um roteiro de como deve funcionar a liberdade de expressão entre intelectuais. Por princípio, a liberdade é infinita, pois a única profissão possível é com a verdade, entendida como o exercício permanente da dúvida. Mas é também um roteiro que, pela beleza e singularidade dos autores, se transforma em um modelo para o confronto argumentativo em espaços de diálogo previamente circunscritos por moralidades específicas, como é o caso de universidades confessionais. Uma universidade confessional é o ponto de encontro de muitos personagens anônimos que representam Eco e Martini. E assim como as regras do diálogo eram externas e anteriores ao escritor e ao cardeal, procedimentos semelhantes devem ser respeitados pelas universidades confessionais, sob o risco de elas não estarem à altura do exercício do pensamento que representam e promovem – a ciência.

A motivação para o diálogo entre Eco e Martini é também o espírito que deve animar as universidades confessionais na promoção do conhecimento. E foi com o intuito de compreender como se estabelecem os termos deste diálogo no cenário jurídico e sociológico brasileiro que este livro foi planejado. A idéia de avançar na reflexão sobre a liberdade de cátedra em universidades confessionais se deu a partir da demissão de Debora Diniz da Universidade Católica de Brasília, em 2002. O caso encontra-se em trâmite na Justiça, mas provocou uma imensa repercussão internacional de repúdio às alegações morais em torno da demissão: perseguição religiosa por pesquisas que afrontavam a moralidade confessional da instituição (Baxter, 2003). Os autores deste livro estão de acordo que este não seria o espaço para julgar o acontecido, mas sim para refletir sobre o significado da norma constitucional da liberdade de cátedra em universidades confessionais no Brasil.[1]

No cenário nacional, esta é uma obra original, pois há uma lacuna na reflexão sobre o tema da liberdade de cátedra no ensino superior e, mais especificamente ainda, nas universidades confessionais. O capítulo de Kátia Soares Braga que encerra este livro – uma compilação da bibliografia brasileira sobre o tema da confessionalidade e da liberdade de cátedra – demonstra essa escassez: foram 119 referências recuperadas em um período extemporâneo. No entanto, uma característica do rudimentar debate brasileiro é a preponderância de autores com filiações religiosas, ou seja, o tema da liberdade de cátedra em universidades confessionais foi, preferencialmente, analisado por representantes ou líderes de universidades confessionais. E o principal objetivo dessas obras foi o de sustentar a liberdade de cátedra como subordinada à identidade confessional da universidade, em uma subversão da própria gênese desse princípio como orientador da atividade universitária.

Um outro dado sugestivo do levantamento bibliográfico foi a concentração do debate nos anos 1990, uma evidência que futuramente poderia ser investigada por estudos históricos sobre as universidades confessionais no Brasil. Na maior parte das publicações, o tema foi tratado do ponto de vista da doutrina jurídica, sobretudo da autonomia universitária, mas não da liberdade de cátedra mais especificamente. Essa característica do debate brasileiro exigiu um levantamento complementar da jurisprudência sobre o tema no país, mas não foi localizada nenhuma referência nos tribunais brasileiros, exceto o processo de Debora Diniz já mencionado. Além disso, o que foi discutido no Judiciário, em particular no Supremo Tribunal Federal antes da Constituição de 1988, foram situações específicas em torno da extensão da autonomia universitária, e não especificamente a liberdade de cátedra (Sampaio, 2001). Talvez esse quadro jurídico se modifique nos próximos anos, dada a crise financeira das Pontifícias Universidades Católicas do Rio de Janeiro e de São Paulo e o crescente rumor de que as demissões teriam também motivações de perseguição religiosa e, portanto, de restrições à liberdade de cátedra (Carta, 2006; Góis e Takahashi, 2006).

No Brasil, as universidades religiosas são classificadas como entidades privadas confessionais. Segundo o Instituto Nacional de Estudos e Pesquisas Educacionais Anísio Teixeira (INEP), são 2.013 instituições de ensino superior no país, das quais 19% são entidades privadas comunitárias, confessionais ou filantrópicas. Dentre as universidades comunitárias, 26% delas são confessionais (INEP, 2004). No universo do ensino superior confessional, são 372.480 estudantes e 24.261 professores distribuídos pelo país, sendo mais da metade das universidades localizada fora das capitais e dos grandes centros urbanos (ABESC, 2006). A razão de existência de uma universidade confessional é, além de fomentar o ensino, a pesquisa e a extensão, a de difundir valores e ideais específicos a uma determinada comunidade religiosa. O caráter confessional de uma universidade é garantido pela Lei de Diretrizes e Bases da Educação, que reconhece o interesse de comunidades morais em promover seus valores por meio da educação superior (Brasil, 1996).

A dúvida que motivou as atividades de pesquisa para a organização deste livro foi a de como se manifestaria o princípio da liberdade de cátedra em universidades religiosas diante de questões delicadas para a confessionalidade. Como fio condutor da análise, todos os autores foram convidados a pensar os dados de pesquisa à luz da pergunta sobre quais seriam as condições de possibilidade do exercício da liberdade de cátedra sobre temas relacionados aos direitos sexuais ou reprodutivos nas universidades confessionais brasileiras. O projeto "Liberdade de Cátedra e Direitos Sexuais e Reprodutivos: promovendo uma norma constitucional no Brasil" foi financiado pela John D. e Catherine T. MacArthur Foundation, com apoio do PROSARE/CCR/CEBRAP, e foi realizado durante os anos de 2004 a 2006, sob a coordenação da Anis: Instituto de Bioética, Direitos Humanos e Gênero. Este livro é um dos principais resultados do projeto e registra grande parte dos avanços argumentativos do grupo.

O caráter paradigmático dos direitos sexuais ou reprodutivos para explorar as fronteiras entre a liberdade de cátedra e a confessionalidade foi discutido pela filósofa estadunidense Martha Nussbaum, no artigo "Sócrates na universidade religiosa". Nesse artigo, originalmente publicado em 1997 e ora traduzido, Nussbaum analisa como duas universidades cristãs nos Estados Unidos organizaram-se para lidar com os temas da sexualidade, das minorias culturais e dos estudos feministas entre os anos 1980 e 1990. A autora discute a estrutura universitária e as garantias à liberdade de cátedra da Universidade de Notre Dame (católica) e da Universidade de Brigham Young (mórmon). As conclusões de Nussbaum são otimistas: é possível promover uma confessionalidade e respeitar a liberdade de cátedra inclusive em temas delicados à moralidade cristã, como é o caso da homossexualidade. A Universidade de Notre Dame é, para ela, um exemplo de como esse encontro entre confessionalidade e conhecimento científico pode ser fortalecido sem ameaças à estrutura universitária, ao contrário da Universidade de Brigham Young, onde liberdade de cátedra é simplesmente uma figura de retórica, subsumida a uma expressão da autonomia universitária de caráter confessional.

A análise das duas universidades estadunidenses facilitou a identificação de pistas para a análise brasileira. A primeira delas foi que, assim como Nussbaum, localizamos uma total ausência de grupos de pesquisa sobre determinados temas em universidades confessionais no Brasil. O Conselho Nacional de Pesquisa Científica e Tecnológica (CNPq) apresenta um mapa confiável das linhas de pesquisa das melhores universidades no país e não há nenhuma universidade confessional com grupos registrados sobre o tema do feminismo, do aborto ou da homossexualidade (CNPq, 2006). Dentre as ausências, o tema do feminismo e dos estudos sobre mulheres é particularmente instigante, pois os dados do CNPq sugerem uma estratégia de arranjo disciplinar semelhante ao que ocorreu nas universidades analisadas por Nussbaum. A Universidade de Notre Dame, por exemplo, a despeito de seu caráter confessional de vanguarda, não instituiu grupos ou linhas de pesquisa sobre feminismo ou sobre mulheres, mas apenas sobre gênero. A preferência pela categoria gênero em detrimento do feminismo ou dos estudos sobre mulheres representa um movimento para neutralizar moralmente temas de claro impacto político para a identidade confessional da instituição. No Brasil, o fenômeno é bastante semelhante: não há grupos sobre mulheres ou feminismo em universidades confessionais. O que existe são apenas sete grupos sobre a temática de gênero (CNPq, 2006).

O segundo artigo, "Quando a verdade é posta em dúvida: liberdade de cátedra e universidades confessionais", de Debora Diniz, apresenta um panorama do ensino superior confessional no Brasil. O artigo é, por um lado, uma peça teórica em defesa da centralidade da liberdade de cátedra para a promoção do conhecimento acadêmico, mas também um estudo em profundidade da liberdade de cátedra em universidades confessionais brasileiras— em particular do ensino e da pesquisa em universidades católicas. As evidências apresentadas por Diniz comprovam uma total ausência de temas relacionados aos direitos sexuais ou reprodutivos no ensino, na pesquisa e na extensão de universidades confessionais. Dada a impossibilidade de analisar as razões dessa ausência *in loco*, a estratégia da autora foi a de circunscrever o universo moral que justifica a existência de tais universidades, a fim de discutir em que medida motivações religiosas se converteriam em mecanismos de autocensura dos estudantes, professores e pesquisadores ou mesmo em instrumentos explícitos de censura à liberdade de cátedra.

Por uma combinação entre os dados do Instituto Nacional de Estudos e Pesquisas Educacionais Anísio Teixeira, do Conselho Nacional de Pesquisa Científica e Tecnológica, da Coordenação de Aperfeiçoamento de Pessoal de Nível Superior e de auditorias do Tribunal de Contas da União, além de registros variados tais como de associações universitárias, páginas da Internet, documentos administrativos, missões ou estatutos, Diniz discute a pergunta de como se expressaria a liberdade de cátedra em universidades confessionais sobre temas relacionados aos direitos sexuais ou reprodutivos. O resultado é um descortinamento de uma realidade até então silenciada, dado o caráter estratégico das universidades confessionais na promoção da educação no Brasil e a pluriconfessionalidade da sociedade brasileira. O artigo de Diniz, ao apresentar pistas seguras de como se estruturam as universidades confessionais, abre espaço para as análises mais estritamente jurídicas dos capítulos seguintes.

O terceiro artigo, "No fio da navalha: os limites da autonomia universitária e a liberdade de cátedra", de Samantha Buglione, é uma reflexão sobre o suposto conflito entre a autonomia das universidades confessionais e a liberdade de cátedra. Buglione não hesita em desconstruir o caráter hipotético do conflito entre autonomia universitária e liberdade de cátedra: não se trata de um conflito entre princípios constitucionais, mas de uma confusão entre papéis e funções dos atores que compõe esse campo. Para analisar o sentido jurídico da liberdade de cátedra, o capítulo percorre os principais debates políticos que decorreram da constitucionalização da autonomia universitária em 1988. Nesse processo de reconstituição da gênese do conceito, o papel das universidades na ordem jurídica e política de um Estado democrático e laico, além de sua relação com a ciência, entendida como a exigência de uma racionalidade secular, é o fio argumentativo.

Após esclarecer o lugar da universidade em uma democracia laica, Buglione desenvolve o argumento central do artigo: uma análise das fronteiras conceituais entre a autonomia universitária e a liberdade de cátedra. O esforço da autora é por demonstrar o quanto esses conceitos, apesar de epistemologicamente próximos, são jurídica e politicamente singulares. Uma melhor compreensão de seus significados e garantias dissiparia qualquer imputação de conflito entre autonomia universitária e liberdade de cátedra. Nesse movimento de definição conceitual, o objetivo de Buglione é reafirmar o pressuposto ético de que a liberdade de cátedra é a condição de possibilidade para a existência da universidade. O resultado é uma teia de conceitos que sistematiza as categorias que compõem o campo da liberdade de cátedra e auxiliam a compreensão sobre o exercício desse princípio em universidades confessionais.

O quarto capítulo é uma extensão da argumentação de Buglione sobre as fronteiras entre a autonomia universitária e a liberdade de cátedra. "Entre a cruz e a espada: autonomia das universidades confessionais e a liberdade de cátedra na Constituição da República de 1988", de Roger Raupp Rios, explora os fundamentos jurídicos do princípio da liberdade de cátedra em termos constitucionais. O objetivo do artigo é ousado, pois busca explicitar o conteúdo e apontar caminhos para o desenvolvimento e concretização, tanto na doutrina jurídica constitucional quanto na jurisprudência do Supremo Tribunal Federal, do princípio fundamental da liberdade de cátedra.

Por meio de uma leitura sistemática das normas promulgadas pela Constituição da República de 1988, com ênfase na relação entre a simultânea afirmação da "liberdade de aprender, ensinar, pesquisar e divulgar o pensamento, a arte e o saber" e a abertura constitucional para a atividade de ensino à iniciativa privada, o artigo reafirma a tese de Buglione de que a autonomia universitária qualifica-se como meio para a realização da liberdade de cátedra. Sem a garantia da liberdade de cátedra, não só ficam comprometidos o conhecimento e a ciência, como também o processo gnosiológico é absorvido pelo político, dada a ausência da livre disponibilidade de espírito (Miranda, 1973). Ciente de que a dúvida metódica é, por princípio, incompatível com a crença religiosa e de que o debate amplo e plural é hostil à certeza das profissões de fé, Rios volta-se para os direitos e deveres de professores, pesquisadores e estudantes diante da autonomia institucional das universidades confessionais. O resultado desse percurso pelo Direito Constitucional é a afirmação de que a liberdade de cátedra é uma garantia essencial para a realização das tarefas confiadas pela Constituição às instituições universitárias, sejam elas confessionais ou não.

O quinto capítulo, "A liberdade de cátedra universitária face à interpretação do conceito de autonomia didático-científica: uma abordagem jurídico-administrativa", de Luiz Henrique Urquhart Cademartori, elucida o conceito de autonomia universitária perante a liberdade de cátedra nas instituições de ensino superior confessionais no Brasil, mas sob os parâmetros político e administrativo. Embora trate do sentido da autonomia universitária sob um recorte específico, ou seja, didático e científico, o autor inicia com uma abordagem política e administrativa como forma de estabelecer os marcos institucionais diferenciadores do conceito de autonomia universitária que embasa a liberdade de cátedra. Isso decorre do fato de que o conceito de autonomia universitária, embora difuso ou fluido, tem o seu tratamento legal e doutrinário mais difundido nas esferas do Direito Constitucional e Administrativo. No primeiro enfoque, trata-se da autonomia política dos entes federados que compõem o Estado brasileiro e, no segundo, trata-se da descentralização da Administração Pública entre órgãos de cúpula e entidades da administração indireta, sendo esta última formada por entes autônomos apenas no âmbito administrativo.

A estratégia de Cademartori, diferentemente de Buglione e Rios, foi a de enfrentar o tema da autonomia universitária e a decorrente liberdade de cátedra a partir do Direito Administrativo, pois as instituições de ensino superior situam-se na esfera da autonomia administrativa e não política. Foi de posse desse argumento que o autor sustentou o conceito de autonomia universitária como a ser desenvolvido para além do seu aspecto administrativo, sem confundi-lo com a dimensão política e dentro de uma especificidade própria, cujos contornos ainda não foram plenamente elucidados no debate brasileiro.

Por fim, o sexto capítulo, "Autonomia universitária como instrumento de garantia do pluralismo de idéias", de Luiz Magno Bastos Jr., percorre um caminho diverso dos capítulos precedentes para enfrentar o significado jurídico da liberdade de cátedra. O objetivo de Bastos Jr. é analisar a relação entre os fundamentos ético-religiosos de uma universidade confessional e temas de ensino e pesquisa que, porventura, ameacem valores e dogmas centrais à moralidade confessional da instituição. Nessa empreitada, as motivações do autor não devem ser desconsideradas: Bastos Jr. é, ao mesmo tempo, um jurista e alguém envolvido com a política universitária confessional. E é do cerne dessa dupla identidade que o capítulo apresenta uma argumentação que devolve o espírito da tensão entre autonomia universitária e liberdade de cátedra para o centro do debate jurídico e político.

Bastos Jr. parte de uma breve discussão em torno da natureza pública do ensino superior e do alcance do controle estatal sobre sua execução pela iniciativa privada. O autor se ocupa em identificar parâmetros para a delimitação do conteúdo e do alcance desses princípios constitucionais, a partir da análise da doutrina nacional e de experiências oriundas do Direito Comparado. Ao final, preocupa-se em apontar algumas diretrizes para a solução de conflitos que possam surgir dessa tensão: a necessária delimitação do âmbito da autonomia institucional como promoção da confessionalidade e medidas para o controle interno dessa atuação; a demarcação do espaço de atuação dos professores e do desenvolvimento de garantias institucionais para o exercício livre de sua atividade profissional, e a definição do grau de interferência estatal como estratégia de promoção da pluralidade de idéias assegurada constitucionalmente.

*

As diversas abordagens éticas, filosóficas e jurídicas deste livro são um indicativo do quanto o tema da liberdade de cátedra, da autonomia universitária e das universidades confessionais é provocativo no Brasil. Os autores deste livro estão de acordo na centralidade do princípio da liberdade de cátedra para a promoção da ciência e para a garantia do livre pensamento nas universidades. Estão ainda de acordo que os princípios da autonomia universitária e da liberdade de cátedra, apesar de próximos na fundamentação política e epistemológica, não se confundem. Os autores discordam, no entanto, sobre quais as melhores estratégias argumentativas, jurídicas e políticas para mediar o encontro desses dois princípios no universo do ensino confessional superior brasileiro em temas de intenso conflito moral, como são as questões relacionadas à sexualidade e à reprodução. Este livro deve ser entendido como um exercício de pensamento original e necessário para a promoção de princípios democráticos fundamentais à prática científica. A nossa expectativa é de que o exemplo do diálogo entre Martini e Eco – em que tolerância, respeito e sabedoria foram os valores fundamentais ao pensamento – ilumine os leitores, assim como inspirou os autores deste livro.

Debora Diniz, Samantha Buglione e Roger Raupp Rios
Fevereiro, 2006

---

[1] O uso das formas masculino e plural representará neutralidade para fins de harmonia de estilo entre todos os autores deste livro. O feminino será utilizado somente para representar o sexo feminino.

REFERÊNCIAS BIBLIOGRÁFICAS

ASSOCIAÇÃO BRASILEIRA DE ESCOLAS SUPERIORES CATÓLICAS. **Associadas.** Disponível em: <http://www.abescbrasil.org.br/apresentacao/default.htm>. Acesso em: 09 mar. 2006.

BRASIL. Instituto Nacional de Estudos e Pesquisas Educacionais Anísio Teixeira. **Censo da Educação Superior - Resumo Técnico.** Acesso em: <www.inep.gov.br/download/superior/2004/censosuperior/Resumo_tecnico_Censo_2004.pdf>. Acesso em: 02 fev. 2006.

BRASIL. **LDB:** Diretrizes e Bases da Educação Nacional: Lei n. 9.394 de 20 de dezembro 1996. Estabelece as diretrizes e bases da educação nacional. **Diário Oficial [da República Federativa do Brasil].** Brasília, p. 27.833, 23 dez. 1996. Seção 1. Acesso em: <http://www2.camara.gov.br/legislacao/legin.html/textos/visualizar Texto.html?ideNorma=362578&seqTexto=1&PalavrasDestaque=>. Acesso em: 17 mar. 2006.

BAXTER, Victoria. **Directory of Persecuted Scientists, Engineers, and Health Professionals.** Washington: American Association for the Advancement of Science, 2003. 63 p.

CARTA, Mino. Para onde vai a PUC?: Diante do desafio de se tornar sustentável sem perder a autonomia, a universidade se divide. **Carta Capital,** São Paulo, p. 1-1. 22 mar. 2006. Disponível em: <http://200.99.133.132/index.php?funcao=exibirSecao& id_secao=13>. Acesso em: 04 abr. 2006.

CONSELHO NACIONAL DE PESQUISA CIENTÍFICA E TECNOLÓGICA. **Busca Textual. Diretório de Grupos de Pesquisa do Brasil.** Acesso em: <http://dgp.cnpq.br/buscagrupo>. Acesso em: 16 de março. 2006.

ECO, Umberto; MARTINI, Carlo Maria. **Em que crêem os que não crêem?** 2 Tiragem. Rio de Janeiro: Record, 2000. 156 p. Tradução: Eliana Aguiar.

GOIS, Antonio; TAKAHASHI, Fábio. Demissão de Feminista Gera Protestos na PUC. **Folha de S. Paulo.** São Paulo, p. 1-1. 04 mar. 2006. Disponível em: <http://www1.folha.uol.com.br/folha/educacao/ult305u18425.shtml>. Acesso em: 04 abr. 2006.

MIRANDA, Pontes de. **Comentários à Constituição de 1967, com a Emenda n. 1 de 1969.** Tomo II. 3 ed. Rio de Janeiro: Editora Guanabara, 1973. p.701

RAWLS, John. **O Liberalismo Político.** São Paulo: Ática, 2000. 430 p. Tradução: Dinah de Abreu Azevedo. Revisão de Tradução: Álvaro de Vita.

SAMPAIO, Anita Lapa Borges de. **Autonomia Universitária.** Brasília: Editora Universidade de Brasília, 2001. 282 p.

CAPÍTULO 1

Sócrates na universidade religiosa
Martha Nussbaum[1]

> *Isolar-se da realidade da diferença – ou pior, tentar reprimir essa diferença –*
> *é isolar-se da possibilidade de entrar em contato com a profundidade do*
> *mistério da vida humana.*
> Papa João Paulo II

Na Universidade de Brigham Young (UBY), em Provo, Utah, no dia 8 de fevereiro de 1996, o novo reitor Merrill Bateman ordenou que todos os professores e funcionários mórmons devessem ser classificados pelo bispo como "dignos do Templo" (isto é, recomendados como merecedores de entrar no Templo), um padrão severo que exigia provas de ortodoxia na crença, suporte financeiro regular a atividades promovidas pela igreja e conformidade com uma série de obrigações morais, variando desde a abstinência de sexo fora do casamento à abstinência de café e chá. Professores, estudantes e ex-estudantes reagiram com alarde. Um estudante recém-formado escreveu anonimamente: "Quando bispos determinam o merecimento de alguém para entrar no Templo, isso deve ser aceito com extrema humildade, cuidado e privacidade. Usar o processo de recomendação de merecimento como forma de designar rótulos às pessoas, os quais serão utilizados por administradores na UBY, é repugnante. Espero que alguns bispos tenham a coragem de mandar [a] carta de volta com a inscrição: 'Não é da sua conta!'".[2]

Na Universidade de Notre Dame, em South Bend, Indiana, no dia 2 de maio de 1996, o corpo normativo da instituição se reuniu para discutir sua resposta a ações administrativas que negaram a grupos de gays e lésbicas direitos e privilégios concedidos a outros estudantes da Notre Dame, como, por exemplo, o direito de convidar palestrantes, de escolher seus próprios conselheiros acadêmicos, de promover eventos sociais e de divulgar tais eventos. Numa votação com 21 votos a favor, 4 contra e 2 duas abstenções, o corpo normativo aprovou uma resolução rejeitando essas ações, entendendo-as como "discriminatórias contra um grupo de estudantes da Notre Dame e comprometedoras dos ideais e da missão declarada da Universidade". A Declaração da Missão da Universidade, citada na resolução, afirma que "o intercâmbio intelectual essencial para uma universidade requer e é enriquecido pela presença de vozes de diversos acadêmicos e estudantes" e que "a Universidade se orgulha de ser um ambiente de ensino e aprendizagem que estimula o desenvolvimento em seus estudantes daqueles hábitos disciplinados da mente, corpo e espírito que caracterizam seres humanos educados, habilidosos e livres". Além disso, a Declaração da Missão defende que "a Universidade procura cultivar em seus alunos não só uma apreciação das grandes conquistas dos seres humanos, mas também uma sensibilidade disciplinada à pobreza, à injustiça e à opressão que sobrecarregam a vida de tantas pessoas". Esses ideais valiosos, afirmou a resolução dos docentes, requerem críticas às ações administrativas contra o grupo de estudantes.

Vivemos numa nação profundamente religiosa, uma nação que tem tradicionalmente ligado a missão da educação superior à religião. Fidelidades religiosas têm exercido um grande papel na resistência a mudanças curriculares no campus universitário, já que aqueles que se apegam a suas tradições temem que elas sejam subvertidas por professores que não levam a religião a sério. Mas a religião também tem sido uma grande fonte daquilo que é obrigatório em termos de diversidade curricular. Pessoas muito religiosas têm se destacado entre aquelas que insistem em enfrentar a diversidade cultural e as questões de gênero e sexualidade. Além disso, são pessoas que têm realizado trabalhos acadêmicos criativos nessas áreas.

Tensões entre a tradição e a mudança causadas por motivos religiosos aparecem em todo campus, uma vez que estudantes socializados em meio a tradições religiosas estão lidando com novas informações e idéias a respeito da diversidade humana. Mas as tensões assumem um formato especialmente agudo e fascinante em instituições que retiveram uma forte afiliação religiosa. Essas faculdades e universidades assumem uma dupla missão: promover o avanço da educação superior numa democracia plural e perpetuar suas tradições específicas. Se pudermos mostrar que mesmo nessas instituições o cultivo da humanidade e da boa cidadania requer tanto o método socrático quanto a atenção curricular à diversidade, teremos um ótimo argumento de que isso abarca também a verdade das escolas mais seculares. Ao ver como as universidades religiosas lutaram para entender esses objetivos à luz de suas próprias tradições distintas, entendemos melhor os objetivos e vemos seu futuro de forma mais clara.

Alguns pensadores sentem que a própria existência de instituições religiosas de ensino superior estaria ameaçada por mudanças curriculares recentes, assim como pela ênfase liberal na liberdade acadêmica (Editorial, 1991; Laycock, 1993; Marsden, 1991).[*] Mas devemos começar a levar muito a sério o aviso do Papa João Paulo II: evitar a diversidade é uma maneira de se fechar a uma parte do mistério da vida humana. Parece plausível pensar que uma verdadeira vida religiosa deva ser aberta à humanidade em todas as suas formas culturais. Como afirmou o Papa, "nosso respeito pela cultura alheia está...enraizado em nosso respeito pela tentativa de cada comunidade

---

[*] Liberdade acadêmica é a tradução literal de *academic freedom*, comum ao debate em língua inglesa. A tradução optou por manter o conceito original de Martha Nussbaum, muito embora todos os autores do livro se refiram à liberdade de cátedra como um sinônimo de liberdade acadêmica [Nota da revisão de tradução].

responder à questão da vida humana. Toda cultura tem algo a nos ensinar sobre essa complexa verdade. Portanto, a 'diferença' que alguns acham tão ameaçadora pode, através do diálogo respeitoso, se tornar a fonte de um entendimento mais profundo do mistério da existência humana" (João Paulo II, 1995). Parece plausível que uma universidade religiosa só possa ser bem-sucedida se proteger e fomentar a investigação de todas as formas de cultura e auto-expressão humanas, oferecendo aos estudantes as ferramentas intelectuais de que precisam para lidar com a diversidade em suas próprias vidas como cidadãos, trabalhadores e amigos. Isso não envolve uma atitude desleixada com as críticas frente àquilo com que eles se deparam: isso envolve respeito e um sincero e prolongado esforço de entendimento.

Instituições religiosas têm uma razão especial para seguir normas de respeito e entendimento e para justificar a presença delas num currículo para a cidadania mundial. Grupos seculares podem fundar universidades e faculdades por todo tipo de razão. Mas, quando um grupo religioso o faz, considerações morais são inevitavelmente salientes. Entre essas preocupações, é provável que haja um desejo de estimular o amor ao próximo, valor certamente enfatizado em toda grande religião nos Estados Unidos. Mas a ignorância é uma grande inimiga do amor, e uma educação em diversidade humana é uma arma necessária contra a ignorância.

Muitas de nossas faculdades e universidades tiveram origens religiosas: Harvard, Yale e Duke são apenas três dos exemplos mais famosos. Brown, fundada em 1764, foi a primeira faculdade nas colônias que não tinha exame religioso para o ingresso, mas até mesmo ela reteve por muitos anos fortes laços com a fé batista e com os quakers. Apesar de muitas escolas que antes eram religiosas terem se isolado dessas raízes, muitas escolheram mantê-las. Algumas dessas escolas são seminários que educam o clero. Mas muitas outras são faculdades e universidades completas, oferecendo cursos de graduação por meio de educação liberal em Humanidades e muitas formas de pós-graduação.

Essas instituições se desenvolveram numa nação definida por ideais liberais de tolerância religiosa, livre exercício da religião e laicidade do Estado. Nossa tradição liberal-democrática não se vê como a inimiga da religião, mas como sua vigilante protetora. É precisamente porque a fé religiosa é tão importante para as pessoas que nossa tradição faz da liberdade de consciência e de exercício religioso uma parte inegociável da vida estadunidense. Outros engajamentos pessoais não compartilham o mesmo status legal – como, por exemplo, razões para se recusar a trabalhar num determinado dia, ou razões contra o serviço militar. O raciocínio implícito para esse tratamento especial à religião parece ser o de que pedir às pessoas que concordem com um costume religioso, por qualquer motivo diferente daqueles dados por sua própria consciência, seria violar sua humanidade e sua essência. O Papa João Paulo II enfatizou essa idéia em seu discurso às Nações Unidas: nosso respeito pela humanidade nos mostra "o quão importante é proteger o direito fundamental à liberdade de religião e à liberdade de consciência como os pilares da estrutura dos direitos humanos e a base de toda sociedade verdadeiramente livre" (João Paulo II, 1995). Quando consideramos quais padrões de pluralismo, liberdade acadêmica e não-discriminação deveria haver em uma faculdade ou em uma universidade religiosa, é importante lembrar que essas instituições, como outras, preparam cidadãos para uma cultura democrática definida por esses ideais. Instituições religiosas não podem selecionar políticas que subvertam as próprias condições de um pluralismo religioso saudável.

De fato, nossas próprias tradições constitucionais estimularam uma diversidade muito maior de faculdades e universidades religiosas do que a existente em qualquer outro lugar. Nenhuma outra nação no mundo possui tão rica pluralidade de fés mantendo ativamente instituições de ensino superior.[3] Em outros lugares, ou as universidades são puramente seculares ou elas têm (como na Grã-Bretanha) ligação com uma igreja oficial do Estado. Os Estados Unidos, ao contrário, têm uma diversidade religiosa marcante na educação superior. Temos um grande número de faculdades e universidades católicas romanas, com relações diversificadas com o Vaticano, e patrocinadas por ordens religiosas particulares com suas distintas filosofias de educação. Temos instituições batistas, metodistas, luteranas, episcopais, evangélicas, presbiterianas, quakers e menonitas. Temos várias instituições judias, variando desde seminários até a Brandeis, uma grande universidade com programas tanto de graduação como de pós-graduação. A Brigham Young, uma instituição mórmon, é a maior universidade privada do país. Os Estados Unidos protegeram e estimularam esse pluralismo de modo inigualável no mundo, precisamente por causa de sua aguda sensibilidade a qualquer violação da liberdade religiosa e de seu respeito pela diversidade.

Todas as religiões se interessam por treinamento religioso, mas nem todo programa de treinamento religioso para jovens adultos faz parte de uma faculdade ou de uma universidade, instituições tradicionalmente ligadas a valores particulares de estudo acadêmico, pesquisa e debate de idéias. As religiões diferem em seu suporte à educação superior, assim como também diferem em seu julgamento a respeito do papel da razão, da pesquisa e do debate de idéias para a vida humana agradável. Nos Estados Unidos, a religião amish, por exemplo, tem sido extremamente controversa devido a sua atitude negativa até mesmo diante da educação secundária compulsória. Num famoso caso do Supremo Tribunal, *Wisconsin vs. Yoder*, pais amish tiveram sucesso ao argumentar que seu direito de livre exercício de religião incluía o direito de manter seus filhos fora do ensino médio obrigatório, encorajando valores comunitários através do trabalho (uma decisão que na minha visão subestima a importância da educação para a cidadania democrática) (Estados Unidos, 1972). A fé amish dificilmente fundará, portanto, uma faculdade ou uma universidade.[4] Quando uma denominação religiosa de fato funda uma universidade, ela o faz, devemos presumir, não simplesmente para oferecer a seus membros credenciais que os tornem mais competitivos no mercado de trabalho de uma sociedade que recompensa títulos acadêmicos, mas também para estimular a pesquisa acadêmica e oferecer uma educação superior, promovendo portanto a investigação como a base para a cidadania e para a vida agradável. Liberdade de pesquisa e liberdades acadêmicas relacionadas são pilares essenciais de qualquer instituição que se queira chamar de faculdade ou de universidade. Uma denominação tem a opção de não apoiar a educação superior se não gostar desses valores, como de fato algumas religiões podem não gostar. O que está em questão, na verdade, é o próprio papel das garantias de livre pesquisa e de diversidade curricular, se a escolha for a de apoiar a educação superior.

As universidades de Notre Dame e de Brigham Young se encontram de vários modos em extremos opostos de uma gama de questões relativas à liberdade acadêmica, ao método socrático e à diversidade na educação superior religiosa. Seus esforços para traçar um caminho que proteja tanto a identidade religiosa quanto a excelência acadêmica mostram exatamente os desafios enfrentados por várias outras escolas religiosas. Baseando-se em uma longa tradição católica romana de pesquisa e educação superior, a Notre Dame construiu uma educação genuinamente religiosa numa universidade de primeira categoria com fortes garantias de liberdade acadêmica e um compromisso tanto com a investigação socrática quanto com o estudo internacional. Questões concernentes à mulher e à sexualidade continuam dividindo opiniões, tanto em assuntos curriculares quanto na vida no campus. Mas o corpo docente se sente livre para expressar suas opiniões, mesmo quando elas conflitam com a doutrina oficial da igreja. O caso da UBY, diferentemente, mostra uma universidade muito mais disposta a restringir o estudo e a pesquisa em nome do credo religioso. Uma atitude de antiintelectualismo modela cada vez mais o desenvolvimento da instituição. Esse estado das coisas, ao invés de promover uma instituição religiosa forte e distinta, ameaça sufocar seu espírito acadêmico e, portanto, põe em risco seu status de instituição de educação superior.

Em relação a esse assunto, é necessário oferecer um relato autobiográfico para alertar o leitor sobre qualquer preconceito que possa aparecer. Fui criada como cristã episcopal e convertida ao judaísmo conservador aos vinte anos, pouco antes de me casar. Levo minha relação com o judaísmo bastante a sério, dei à minha filha uma educação religiosa, e sou participante de uma sinagoga – apesar de dedicar-me ao conteúdo moral e social da religião e de estar incerta quanto à crença metafísica.

NOTRE DAME: DIVERSIDADE E VIDA EXAMINADA

A Universidade de Notre Dame fica em um ambiente pacífico e próspero, onde o gado pasta placidamente num verde campo rural. Entrando no campus, o visitante vê o sol bater na cúpula dourada do Prédio da Administração, em cujo topo há uma estátua de Nossa Senhora. Na parede da biblioteca há um mosaico conhecido como *Touchdown Jesus*, um Cristo de corpo inteiro, de vários metros de altura, com os braços esticados em posição de benção, posicionado para ser visto pelos torcedores através das traves do estádio de futebol americano. Não muito longe está seu concorrente, o grande Moisés – uma alta escultura negra de um feroz Moisés atacando a cabeça do Bezerro de Ouro, quebrando seu pescoço e levantando um dos dedos em triunfo. Esse gesto é usado para celebrar as vitórias do time de basquete, quando ele ataca seus adversários com ferocidade apropriada. O inteiro campus de contradições – com sua opulência material e sua tradição de ativismo missionário, suas ferozes rivalidades atléticas e seu reconhecido centro para Estudos da Paz, sua dedicação à Nossa Senhora e sua liderança majoritariamente masculina, sua adulação de atletas e seu distinto Departamento de Filosofia, seus pastos de Indiana e sua rebuscada Basílica no estilo Velho Mundo – fica lá, sem fazer nada, à mercê do visitante, como uma exótica criação da mente religiosa estadunidense.

Tudo começou, de fato, do seguinte modo, como um pensamento bastante improvável – quando, mais de 150 anos atrás, o fundador reverendo Edward F. Sorin construiu uma cabana de toras de madeira nas praias de um lago nos ermos de Indiana. Em pé na clareira, com uma carroça contendo cerca de 300 dólares em posses, ali, ele disse, era "L'Université de Notre Dame du Lac".* Hoje, usando uma frase

---

* Em francês no original, "A Universidade de Notre Dame do Lago" [Nota da revisão da tradução].

que agrava as contradições culturais, Harold Attridge, decano da Faculdade de Artes e Letras, chamou esse gesto fundador de "um arquetípico ato de extrema coragem" (Attridge, 1994: 22).

A Notre Dame foi fundada em 1842 para oferecer uma educação superior a rapazes católicos. A maioria de seus primeiros alunos era composta de filhos de imigrantes. Como tais e como católicos, eles seriam naquela época discriminados nas maiores universidades e faculdades seculares. O propósito primário da universidade era então duplo: oferecer a esses rapazes uma educação que combinasse desenvolvimento intelectual com enriquecimento espiritual e, ao fazê-lo, preparar católicos para o ingresso nas profissões e na classe média estadunidense. Mais tarde, a Notre Dame inaugurou o primeiro Programa de Engenharia católico do país e sua primeira escola católica de Direito. As pesquisas acadêmicas sérias e a pós-graduação não eram os focos da Notre Dame até pouco tempo atrás. A maior parte dessa transformação pode ser atribuída à reitoria de Theodore Hesburgh, cuja preocupação vigilante com a liberdade acadêmica foi crucial para a explicação do sucesso da universidade em recrutar docentes de alta qualidade (Hesburgh, 1990). Paralelamente, a fama dos programas de apoio ao esporte da Notre Dame contribuiu para seu sucesso na arrecadação de fundos – desde 1970, a universidade criou mais de 100 cargos financiados.

Hoje, a Notre Dame tem cerca de 7.600 estudantes de graduação e 2.500 estudantes de pós-graduação (incluindo Direito e Economia). As mulheres nunca foram excluídas de programas de pós-graduação e foram admitidas como estudantes de graduação em 1972. Hoje, elas representam 44% das matrículas de graduação e pós-graduação. A universidade tem uma relação mais próxima, porém não tão feliz, com a St. Mary, uma faculdade vizinha para mulheres que oferece cursos em Humanidades. Em 1967, o conselho consultivo, composto somente por membros da Congregação da Santa Cruz, tornou-se um grupo laico. Por estatuto, o presidente ainda precisa ser um padre da Província de Indiana da Congregação, uma pequena ordem associada ao trabalho internacional de missões e desenvolvimento. O reitor, porém, não precisa ser padre. Recentemente, a universidade escolheu seu primeiro reitor não-católico, um protestante religioso.

Eu visitei a Notre Dame em épocas diferentes, como convidada do Departamento de Filosofia (um dos departamentos mais fortes da universidade, o qual é altamente respeitado no país), do Programa de Estudos Liberais, do Programa de Estudos de Gênero e da Escola de Direito. A primeira pessoa com quem conversei a respeito da história de questões da diversidade no campus foi Philip Quinn, um importante filósofo da ciência e da religião, presidente no ano de 1995 da Divisão Central da Associação Filosófica Americana, o qual trocou um cargo efetivo na Universidade de Brown pela Notre Dame porque preferia o ambiente de uma universidade católica. Apesar de ser um crítico do liberalismo político por suas tentativas de excluir a religião da esfera pública, Quinn é um importante liberal em questões acadêmicas de gênero e sexualidade.

Para quem faz mais que uma visita casual ao seu campus, a Notre Dame parece bem diferente das maiores universidades seculares com que concorre. Algumas dessas diferenças são superficiais. Os esportes dominam a imaginação e as instalações do campus de modo incomum. O corpo discente é homogêneo, racial e etnicamente: estadunidenses descendentes de poloneses e irlandeses predominam, e há pouquíssimos rostos afro-americanos ou mesmo hispânicos. Os homens predominam numericamente, apesar de os números estarem rapidamente convergindo. As mulheres parecem especialmente quietas e inseguras de si. Como judia acostumada a encontrar vários outros judeus entre meus colegas de faculdade, fiquei impressionada com o pequeno número de judeus ao meu redor, e – apesar da reveladora frase de Attridge – a relativamente sutil influência da cultura judia.[5] Essas são algumas impressões.

Um contato mais profundo com o caráter católico da Notre Dame emerge quando se fala com seus professores. Constata-se rapidamente que preocupações éticas e religiosas são prontamente aceitas como parte da vida acadêmica. Toda área, da pesquisa científica à Economia e à Filosofia, é fortemente inspirada por elas. Preocupações éticas, mesmo quando expressas em linguagem secular, têm pouco espaço em departamentos de Economia, Matemática Aplicada e Ciência da Computação de uma universidade secular. Preocupações religiosas, por sua vez, têm pouco espaço em qualquer departamento da universidade secular, com exceção dos de estudos religiosos, que consideram tais questões sob um ponto de vista histórico-comparativo. Muitos membros notáveis do corpo docente da Notre Dame escolheram essa universidade porque procuravam um ambiente em que suas preocupações espirituais pudessem ser reconhecidas como centrais para suas vidas e para o trabalho, algo que parecia impossível em campi como Harvard, Brown e Yale. Quinn, por exemplo, ficou decepcionado com a maneira como a academia secular marginaliza a religião, estudando-a como um grupo de instituições e práticas, mas nunca se envolvendo com a perspectiva dos religiosos. "Imagine", ele diz, "como as pessoas que amam a ciência se sentiriam em relação a uma universidade que tivesse um Departamento de Estudos da Ciência, mas nenhum departamento de ciências que realizasse pesquisas" (Quinn, 1994).

Apesar de o contraste de Quinn entre universidades religiosas e seculares parecer exagerado – ele ignora, por exemplo, o caráter misto de instituições como Yale, Harvard e Universidade de Chicago, que têm excelentes departamentos que estudam a religião a partir de dentro –, sua descrição da Notre Dame é bem precisa. A cultura intelectual dessa universidade está longe de ser monolítica. Em vários assuntos específicos, da contracepção à homossexualidade e ao papel das mulheres na sociedade, membros individuais do corpo docente podem concordar mais com seus respectivos aliados no mundo não-católico, liberal ou conservador, do que um com o outro. Apesar disso, há um marcante grau de concordância em relação a assuntos importantes, os quais destacadamente incluem questões de valor ético e espiritual. Soaria estranho, por exemplo, discutir questões econômicas sem refletir sobre a relação entre a dignidade humana e o acúmulo de riqueza. Também soaria estranho realizar pesquisas científicas com implicações militares sem ao mesmo tempo discutir a moralidade da guerra e as perspectivas de uma paz duradoura. Essa convergência de foco constitui um aspecto central da identidade católica da Notre Dame.

George Bernard Shaw declarou certa vez que uma Universidade Católica é uma contradição em termos (Hesburgh, 1990). Ele quis dizer que o conceito de universidade inclui uma liberdade e uma abertura que o caráter autoritário da igreja católica, em seu ponto de vista, excluiu. Theodore Hesburgh, notável reitor emérito da Notre Dame, admite que ainda não há nos Estados Unidos uma universidade que seja verdadeiramente boa nos padrões contemporâneos, mas insiste que "uma universidade não deixa de ser livre porque é católica" (Hesburgh, 1990:6). A igreja não precisa entrar no mundo da universidade moderna de modo algum: mas se escolher fazer isso, tem de fazê-lo nos termos que esse mundo estabeleceu, os quais incluem proteções extremamente fortes à liberdade de pesquisa não só dos grandes acadêmicos, mas de todos os membros da universidade. Hesburgh cita o cardeal Newman: "...grandes mentes precisam de espaço para agir, não exatamente no domínio da fé, mas do pensamento. E assim de fato fazem mentes menores e todas as mentes..." (Hesburgh, 1990: 3/5).

O catolicismo romano é bem planejado teologicamente para estabelecer uma universidade religiosa que seja tanto verdadeiramente religiosa quanto verdadeiramente uma universidade. Apesar de várias vezes na história a igreja católica ter impedido a investigação intelectual, a tradição coloca a aprendizagem e a pesquisa bem planejadas como os melhores elementos de uma vida humana que valha a pena. Considere a descrição do poeta Dante, no "Paraíso", de seus encontros com modelos de excelência humana, célebres santos, mártires e heróis em círculos de virtude ascendente. No alto dessa pequena elite, está seu mentor filosófico, Tomás de Aquino – que lecionou na primeira grande universidade católica na Paris medieval e encontrou oposição por seu interesse pelo filósofo pagão Aristóteles (Hesburgh, 1990: xiv). Aquino diz claramente a Dante que uma boa vida cristã requer auto-exame através da razão, incluindo o uso filosófico da razão:

"...Mostra ser dos estultos o mais crasso
Quem afirma, quem nega leviano
Sem distinção ou num ou noutro passo.
Daí vem muitas vezes por seu dano,
Que o juízo do vulgo se transvia
E o entendimento enleia afeto insano.
Mais do que em vão do porto se desvia:
Incólume não volta da jornada
Quem pós verdade da arte não seguia..."*

É claro que a razão não deve rejeitar a orientação da religião: Aquino pode usar Aristóteles e acabar no paraíso, mas o próprio Aristóteles acaba no limbo, isolado da graça e sua ventura. Porém, "a arte" da reflexão socrática é uma parte essencial da vida católica.

A Universidade de Notre Dame se comprometeu com essa norma. Apesar de a Notre Dame, como todas as universidades católicas, ter uma complexa relação com o Vaticano, o que algumas vezes gerou problemas de liberdade acadêmica (Hesburgh, 1990), a teoria embutida na tradição apóia esforços da administração e dos professores em promover uma investigação aberta e uma atmosfera de livre debate em sala de aula. Em discurso aos docentes da Faculdade de Artes e Letras, em 1993, o decano Harold Attridge descreveu a identidade da Notre Dame como resultante de duas narrativas paradigmáticas: a história de Jesus, o que dá à universidade sua esquiva porém extremamente interessante visão de "reino de paz e justiça", e a história de Sócrates, que "...definiu por vinte e quatro séculos os componentes essenciais para a vida da mente: ou seja, a habilidade de dar um embasamento racional à crença e a busca para encontrar a verdade que se encontra por trás das aparências. Sua prática de fazer perguntas embaraçosas, mesmo com risco de perda pessoal, e mesmo sem esperança de uma resposta imediata, é fundamental para o que

---

* A tradução de Dante Alighieri utilizada foi: ALIGHIERI, Dante. **Divina Comédia**. São Paulo: Martin Claret. Série Ouro. 2002. p. 424. Tradução de J.P. Xavier Pinheiro [Nota da revisão da tradução].

somos...". A identidade católica da Notre Dame, Attridge concluiu, "é uma questão de como essas duas histórias fundamentais se relacionam" (Attridge, 1994: 17).

Num nível, há tensão: por várias vezes na história, a busca secular por conhecimento e a busca religiosa por significado têm sido inimigas mortais. Já num nível mais fundamental, Attridge não vê conflito, pois "...o compromisso de trabalhar para o reino de Deus é inteiramente compatível com a busca por saber a verdade e por viver em conformidade com ela. Não se engajar na muitas vezes abrasiva busca pela verdade é, de fato, correr o risco de criar ídolos. Numa universidade, particularmente uma que pretende trabalhar para o reinado de Deus, a busca de Sócrates deve ser sacrossanta..." (Attridge, 1994: 18).

A atual Declaração da Missão da Universidade, aprovada em 1992/1993, a define como "uma comunidade acadêmica católica de educação superior...dedicada à perseguição e divulgação da verdade, sem outra intenção que não seja persegui-la e divulgá-la". Os parágrafos introdutórios dessa declaração enfatizam a centralidade dos valores da "livre pesquisa", da "discussão aberta" e da "liberdade acadêmica que as torna possível". A esse objetivo, atribui-se a necessidade de abertura à "presença e às vozes de diversos acadêmicos e estudantes", unidos não por "uma afiliação a um credo em particular", mas sim por "um respeito pelos objetivos da Notre Dame e um desejo de ingressar no diálogo que lhes dá vida e caráter". Seu próprio caráter católico "pressupõe que nenhuma busca genuína pela verdade na ordem humana ou cósmica é estranha à vida de fé". Em termos claros, a Declaração da Missão destina a universidade à perseguição da excelência acadêmica: "a Universidade deve estabelecer o objetivo de se tornar uma das principais universidades privadas no país, reconhecida tanto pela pesquisa como pelo ensino".

Ao mesmo tempo, porém, a Declaração da Missão enfatiza que a identidade católica da universidade "depende e se alimenta da contínua presença de um número predominante de intelectuais católicos". A tensão implícita entre os dois aspectos da missão da Notre Dame exigiu, portanto, um delicado equilíbrio. Até que ponto podem os departamentos atribuir legitimamente um peso à religião de um candidato a emprego, mesmo quando isso signifique contratar uma pessoa menos qualificada? Até que ponto eles devem fazer isso se querem promover excelência acadêmica?

O reitor atual, Edward A. Malloy, declarou num relatório aos consultores que seu objetivo é que "católicos dedicados e engajados...predominem em número entre os membros do corpo docente" (aqui ele repete a linguagem usada pelo Papa João Paulo II em "Sobre as Universidades Católicas"). A maioria dos representantes do corpo docente atual que responderam a um recente questionário distribuído pela direção acha o estabelecimento de cotas numéricas excessivamente rígido em uma universidade que deseja se tornar colega das melhores universidades seculares (Quinn, 1994). "Se a doutrina da predominância for reforçada", argumenta Quinn, "a capacidade da Notre Dame de melhorar a qualidade de seu corpo docente será reduzida e sua ambição de se tornar uma grande universidade será, sob as condições atualmente previsíveis de suprimento e de demanda, condenada ao fracasso" (Quinn, 1994: 8/9). Outros membros discordam, argumentando que a doutrina da preponderância é crucial para uma universidade católica saudável. A política atual, como refletida na "Declaração da Missão", é de discriminar a favor dos professores católicos na contratação inicial, mas não na efetivação e na promoção. Freqüentemente, também, quando não é possível encontrar católicos, há um recrutamento ativo de cristãos religiosos de outras denominações, muitos dos quais são mais devotos e mais religiosamente orientados que muitos docentes católicos, e alguns dos quais se tornaram exemplos dos mais leais defensores do caráter católico da instituição (Plantinga, 1994: 5).

A referência da "Declaração da Missão" ao "refinamento crítico apropriado" também atrai nossa atenção. Que limites à tomada de posição isso sugere academicamente e em pesquisa? Parece que atualmente docentes de cargo efetivo podem dizer e publicar qualquer coisa que quiserem, sem medo de represensão. O manuscrito de Quinn sobre o currículo da Notre Dame levantou críticas à administração em relação à contratação de docentes, e criticou também o próprio Vaticano em relação à homossexualidade. Ele fez declarações similares em debates nos campi, e não pareceu temer repreensões. Da mesma maneira, o professor de filosofia não-efetivo Paul Weithman – um estudioso de John Rawls em Harvard que veio para a Notre Dame porque se comprometera a lecionar numa universidade católica – publicou um artigo crítico à política oficial da igreja e da administração sobre a moralidade das relações homossexuais (Weithman, 1997) e, no entanto, é respeitado em todo o campus. Quando ele organizou uma conferência sobre o discurso religioso numa sociedade pluralística, o próprio Padre Hesburgh concordou em fazer o discurso de abertura. Weithman e sua esposa, Maura Ryan, uma especialista em bioética que leciona no Departamento de Teologia, são bons exemplos do tipo de liderança vigorosa para a próxima geração, que a Notre Dame estimula ao apoiar o dissenso respeitoso.

Os palestrantes convidados também não são submetidos a nenhum tipo de avaliação religiosa ou ética. Eu dei várias palestras na Universidade de Notre Dame me manifestando sobre direitos de homossexuais que são inconsistentes com a posição oficial atual da igreja, apesar de o movimento homossexual receber apoio de muitos católicos. Os docentes que me convidaram, tanto efetivos como não-efetivos, continuaram a fazê-lo sem repreensões, apesar de haver outros docentes que desaprovam minha opinião, e apesar de o reitor atual ser o autor de um livro que tem uma visão depreciativa da homossexualidade. As ameaças ao discurso de visitantes geralmente vêm de fora do campus e, regra geral, têm sido vigorosamente enfrentadas. Por exemplo, em 1954, quando teólogos conservadores em Roma tentaram fazer o Padre Hesburgh rejeitar um livro publicado pela Editora da Universidade de Notre Dame por causa de um artigo escrito pelo jesuíta liberal John Courtney Murray sobre a liberdade religiosa numa sociedade pluralística – defendendo opiniões que são agora posições oficiais da igreja –, Hesburgh lutou vigorosamente, e até concedeu um título honorário a Murray para indicar o seu apoio ao dissenso (Hesburgh, 1990). Attridge insiste que a defesa de professores que sustentam opiniões não-ortodoxas é essencial – não só para o recrutamento de excelentes docentes católicos, mas também para o futuro desenvolvimento da igreja em si mesma: "...somente quando tais opiniões forem apresentadas honesta e vigorosamente o ensino da igreja será o que pode e deve ser..." (Attridge, 1994).

Por outro lado, os candidatos a novos cargos como professores às vezes encontram um crítico escrutínio que compara suas opiniões à ortodoxia da igreja. A proposta de nomeação de Charles Curran, um teólogo católico cujas opiniões divergentes sobre a contracepção têm sido polêmicas por anos, passou por uma votação do liberal Departamento de Teologia da Notre Dame. A administração não aprovou a nomeação, em parte por causa das pressões de fora da universidade. Em 1994 e 1995, uma proposta de nomeação em Filosofia à distinta filósofa protestante Jean Hampton gerou controvérsias porque ela afirmou francamente suas opiniões liberais a respeito do aborto – visões consistentes com seus compromissos religiosos protestantes. Apesar de a administração ter aprovado a proposta de sua nomeação, Hampton não recebeu a proposta para o cargo que o departamento originalmente queria lhe dar. Ela então recusou a oferta.

Às vezes há razões para se pensar que as instituições católicas desejam liberdade para discriminar candidatos no processo de contratação de acordo com seus pontos de vista morais. Em 1991, quando o Conselho Nacional da Associação Filosófica Americana discutiu sua declaração de não-discriminação, professores de várias instituições religiosas, tanto católicas quanto protestantes, defenderam uma versão que eximia as instituições religiosas das condições gerais de não-discriminação, apesar de a posição de qualquer instituição similar em particular ter ficado obscura. A orientação sexual e a afiliação religiosa foram os pontos principais de controvérsia. Após longo debate, somente a última isenção foi concedida. Em geral, nota-se que não-católicos que recebem propostas de nomeação na Notre Dame são freqüentemente mais conservadores – e em muitos casos mais obedientes às regras religiosas – do que os docentes católicos. Esse fenômeno sugere que algum tipo de teste informal pode estar envolvido no processo de contratação, apesar de o fator primário ser provavelmente a auto-seleção.

Até recentemente, o corpo discente de graduação da Notre Dame era bastante homogêneo. Quinn o descreve como "...todo masculino, majoritariamente branco, quase inteiramente católico, predominantemente de classe média, e na maior parte intelectualmente inculto...". Nos últimos anos, a admissão de mulheres e os esforços combinados para recrutar pessoas de minorias raciais mudaram um pouco esse quadro. Mas o progresso tem sido lento, mesmo com estudantes hispânicos, que compõem um grupo naturalmente religioso, e mesmo dada a presença de amplas fontes de suporte financeiro. Em 1987, a universidade estudou o problema das matrículas de minorias, propondo um ambicioso conjunto de objetivos. Ao notar que os afro-americanos freqüentemente se sentiam indesejados no campus, o Comitê de Estudantes Minoritários insistiu na urgência de resolver esse problema apoiando-se no próprio caráter católico da universidade: "Como a mais importante universidade católica do país, a Universidade de Notre Dame tem a grande responsabilidade de servir à igreja e à sociedade, sendo uma luz contra o preconceito e um testemunho crível do tipo de diversidade cultural harmoniosa que é o objetivo dessas comunidades mais amplas".[6] A diversidade no campus, eles dizem, é também educacionalmente importante: não há como educar cidadãos "engajados e esclarecidos", que serão preparados para lidar com a diversidade racial e étnica, se lhes for oferecido apenas um lar educacional "branco, homogêneo e de classe média alta" durante quatro anos. Essas recomendações estão sendo gradualmente implementadas, apesar de a competição por estudantes minoritários talentosos ser grande e de tais estudantes nem sempre se sentirem fortemente atraídos pela Notre Dame.

Todos os estudantes de graduação da Notre Dame, além de outras exigências em humanidades, devem cursar duas disciplinas de teologia e duas de filosofia. Um dos cursos de teologia é uma introdução ao estudo acadêmico da Bíblia; o outro é escolhido entre uma série de disciplinas que focalizam doutrinas particulares. Do mesmo modo, uma das disciplinas de filosofia é uma introdução aos problemas centrais da filosofia; a outra é selecionada dentre um grupo de matérias que focalizam a ética, a política, a religião ou o estudo da personalidade. A exigência do estudo de filosofia é mais antiga e tradicional que a do estudo de teologia. Essas disciplinas oferecem uma base do socratismo católico a todos os estudantes, os quais são convidados a desenvolver um espírito de responsabilidade por si mesmos: eles aprendem como fazer para submeter o que entenderam ao escrutínio crítico, para então decidir como realmente querem guiar suas vidas. Além disso, eles aprendem a fazê-lo com uma compreensão adequada da história da tradição católica e das alternativas que ela apresenta.

    A exigência do estudo de filosofia cria grandes demandas de pessoal, e os estudantes nem sempre podem se matricular na disciplina de sua preferência. No geral, porém, o nível intelectual das aulas é alto – o que não surpreende, dada a qualidade do departamento. Perguntados sobre o motivo de serem obrigados a cursar filosofia, os estudantes da disciplina de Quinn "Ciência e Valores Humanos" mostraram-se ansiosos para responder. Vários insistiram que uma exigência de se estudar filosofia é válida porque a fé das pessoas é importante, e eles querem ser capazes de defendê-la diante de outras pessoas. Outros enfatizaram a idéia de que a vida religiosa de uma pessoa não pode progredir sem que ela seja forçada a pensar por ela mesma. Nem todos os estudantes, porém, concordaram com essa avaliação positiva. Um aluno de Economia disse que a exigência da filosofia é uma mudança na direção de seu foco principal, que é "arrumar um emprego". Isso é provavelmente a visão dominante dos alunos da Notre Dame quando chegam à universidade. O fato de muitos estudantes terem descoberto outros modos de ver a filosofia – aparentemente de forma sincera – é uma conquista que pode ser atribuída aos professores. Os estudantes trocaram livremente opiniões divergentes na aula, às vezes criticando políticas da administração da universidade e da hierarquia da igreja.

Como a Notre Dame lida com as questões de diversidade que mais complicam a vida das universidades seculares? Em geral, seu caráter católico a fez extremamente autoconsciente da cidadania mundial. Questões de diversidade recebem destacada discussão, apesar de progressos curriculares ainda não ocorrerem de forma regular.

ESTUDO DE CULTURAS NÃO-OCIDENTAIS

Como os estóicos, os católicos contemporâneos defendem que o melhor tipo de cidadania reconhece as necessidades e os deveres humanos no mundo todo. O discurso do Papa às Nações Unidas enfatizou a urgência do movimento internacional pelos direitos humanos e da redução da pobreza. Na mesma linha, uma declaração recente da Conferência Católica dos Estados Unidos afirma inequivocamente que todos os aspectos da política econômica internacional devem "refletir princípios morais básicos e promover o bem-estar geral no planeta".[7]

Hoje, a igreja reconhece que o respeito pela dignidade humana requer aprendizado sobre diferenças culturais e religiosas. É importante o fato de que o número de católicos no mundo não-ocidental logo ultrapassará o de católicos na Europa e nos Estados Unidos. Conseqüentemente, a igreja precisa conhecer seus membros ao redor do mundo através de um estudo de suas culturas e línguas. Por tais razões, as universidades católicas estadunidenses têm crescentemente dado ênfase não só à moralidade das políticas internacionais – por exemplo, no prestigioso Instituto Joan B. Kroc para Estudos da Paz Internacional e no Centro Helen Kellogg para Estudos Internacionais, da Notre Dame – mas também ao ensino de culturas não-ocidentais.

A Universidade de Notre Dame começou a lidar com questões curriculares primeiramente através de um comitê de diversidade cultural na Faculdade de Artes e Letras. A demanda de estudantes por essas disciplinas continua a exceder a capacidade de atendimento da universidade. Alguns docentes, incluindo Quinn e seu colega mais conservador David O'Connor, gostariam que o conteúdo dessas disciplinas fosse continuamente revisto – Quinn expressa impaciência com o ritmo de progresso da Notre Dame. A universidade oferece somente uma disciplina em filosofia asiática, e disciplinas sobre religiões não-ocidentais recebem uma demanda de matrículas maior que a capacidade. Ocasionalmente, cursos básicos utilizam textos não-ocidentais além dos ocidentais: David O'Connor já lecionou sobre o *Bhagavad Gita* junto com a *Odisséia* de Homero. O'Connor ressalta, porém, que uma vez que ele mesmo é um especialista em filosofia ocidental, essa abordagem não produz um entendimento satisfatório da particularidade de uma cultura: "...se dou aula sobre o *Bhagavad Gita*, fica parecendo estoicismo...".

A lista de disciplinas confirma a pouca variedade na oferta da Notre Dame atualmente. Não há programa ou departamento de estudos do leste ou sul asiáticos, do Oriente Médio, ou de estudos judaicos. O estranhamente constituído Departamento de Línguas e Literaturas Clássicas e Orientais, além de um robusto programa de grego e latim, oferece um pequeno número de disciplinas de nível elementar e intermediário em árabe, siríaco, chinês e japonês. A Antropologia oferece várias disciplinas não-ocidentais: "Religiões Comparativas", "Povos do Mediterrâneo", "Povos da África", "Sociedades e Culturas da América Latina", "Oriente Médio Contemporâneo". No entanto, há mais disciplinas sobre a Irlanda do que sobre a China ou a Índia – um foco compreensível dada a história da Notre Dame, mas que não prepara os estudantes para entender vários debates mundiais. A situação é similar na História: há algumas pesquisas básicas sobre a história japonesa, a chinesa, a latino-americana, e a do Oriente Médio (nada sobre o Sul Asiático), mas o foco dominante é na Europa e nos Estados Unidos, e não há oportunidade aparente de trabalho aprofundado na área não-ocidental. Nenhum outro departamento tem oferta significativa de disciplinas que lidem com aspectos não-ocidentais. Há um bom número de programas de intercâmbio internacional, incluindo programas no México, Japão, Jerusalém e Cairo.

A criação de mais disciplinas não-ocidentais possui amplo apoio dos professores e dos estudantes. Mas o progresso exigirá a contratação de docentes, algo que parece não ser a prioridade da administração. Até certo ponto isso pode acontecer devido ao fato de a maioria dos especialistas nessas áreas não ser católica: há aqui uma tensão entre o objetivo de ser uma universidade católica (universal) e o objetivo de contratar um número predominante de católicos.

ESTUDOS SOBRE MINORIA ÉTNICA

Os católicos costumavam ser um problemático grupo minoritário nos Estados Unidos. Apesar de agora eles serem a maior denominação religiosa no país (mais de 20% da população total), sua história está intimamente ligada a seu status anterior. A Universidade de Notre Dame se orgulha, o que é justo, do fato de seu currículo oferecer aos católicos as condições para entenderem sua própria história. Por um lado, a totalidade do currículo da Notre Dame, e especialmente sua exigência de estudo da teologia, podem ser vistas (pelo menos historicamente) como uma forma de estudos da minoria. A Notre Dame é mais focalizada na tradição católica do que a Faculdade de Morehouse ou a Universidade de Spelman são na tradição afro-americana. As amplas ofertas no estudo da Irlanda e de americanos-irlandeses, assim como da imigração do Leste Europeu, complementam utilmente os estudos teológicos que familiarizam os estudantes com a essência de sua religião.

Mas isso não significa que a Notre Dame consegue ignorar a cultura plural em que os estudantes vivem, especialmente desde que o catolicismo mundial se tornou cada vez mais diverso. Agressivamente e com certo sucesso, a universidade procurou diversificar seu grupo étnico. O recrutamento de atletas exerce seu papel no esforço para atingir um equilíbrio racial e étnico. O recrutamento de docentes e sua permanência demonstraram ser particularmente difíceis, dada a reputação da cidade de ser um lugar pouco hospitaleiro em relação às minorias. Mas o intercâmbio de docentes tem sido instituído com algumas faculdades de predominância negra no Sul e escolas de predominância hispânica no Sudoeste.

Com o objetivo parcial de atrair mais estudantes, o currículo fez esforços consideráveis para incorporar a experiência e a cultura das minorias dos Estados Unidos. Há um pequeno e respeitado programa de estudos afro-americanos, o qual oferece um curso de graduação. Tanto a História quanto a Antropologia oferecem disciplinas sobre a África e os afro-americanos – incluindo uma seqüência de dois semestres sobre a história afro-americana. A Antropologia também estuda sociedades nativas dos Estados Unidos, e a História oferece uma disciplina em história étnica, além de seu foco nos americanos-irlandeses. O Departamento de Línguas Românicas oferece algumas disciplinas em cultura hispânica. O pequeno número de minorias na faculdade causa problemas para todos esses esforços. Em 1996, de 677 docentes, somente 75 pertenciam a minorias, e entre esses apenas 8 eram afro-americanos.

ESTUDOS SOBRE MULHERES

"A igreja católica não é exatamente uma instituição feminista", disse Kevin Janicki na aula de Phil Quinn, como se estivesse afirmando o óbvio. Dado esse ponto de partida, ele continuou, há limites para o que pode ser feito em relação a questões sobre as mulheres. Quinn concorda: "Como qualquer um que seja familiarizado com a história paternalista da igreja católica poderia esperar, as coisas não são tão boas quanto deveriam para as mulheres da Notre Dame". As mulheres estão na Universidade de Notre Dame desde o início dos anos 1970. Seu número, antes pequeno, está rapidamente se igualando ao dos homens, e admissões sem restrição de gênero começarão assim que for terminada a construção de dois novos alojamentos estudantis. Há muitos sinais, no entanto, de que a Notre Dame ainda não é um lugar que acolhe as mulheres, ou que fala sobre elas.

Quando se considera a história da educação mista para homens e mulheres na Notre Dame, não há como deixar de notar o progresso.

Hesburgh afirma que, em 1952, 95% dos estudantes eram contra a educação mista, ao passo que, em 1972, a maioria esmagadora era a favor. Mas até mesmo a história sobre esse feliz desenvolvimento gera inquietação:

> "...A educação mista teve um efeito maravilhoso na Notre Dame. Em primeiro lugar, nós sempre declarávamos nossa intenção de educar os alunos para a liderança, e agora tínhamos expandido esse compromisso para incluir a outra metade da raça humana. E quase tão importante quanto isso é o fato de as mulheres terem trazido seu grande dom da feminilidade ao nosso campus. Durante os anos em que a Notre Dame era só para moços, costumava ser um lugar bruto, vulgar e machista. Nossas alunas trouxeram uma boa dose de gentileza ao campus e fizeram crescer seu lado familiar. Com as mulheres de fato aqui, os homens puderam parar de pensar neles mesmos como uma raça isolada..."(Hesburgh, 1990: 182).

As intenções de Hesburgh são evidentemente as melhores, e sua descrição é plausível. Pense, porém, na situação de mulheres em um campus que espera que elas civilizem atletas machistas e vulgares, e que representem "o dom da feminilidade", ao invés de simplesmente se dedicarem ao estudo. Apesar de Hesburgh criticar alunos que vêem as mulheres como uma "raça isolada", ele parece fazer o mesmo a seu modo. Ser bem-vinda como símbolo de gentileza é melhor que não ser bem-vinda, mas não é tão interessante como ser bem-vinda como pessoa.

Hoje, a Universidade de Notre Dame continua a presenciar tensões a respeito do papel das mulheres no campus. A tremenda influência social dos esportes masculinos dá à vida no campus uma atmosfera agressiva. As relações sociais entre estudantes homens e mulheres são muito mais tensas e temerosas que em várias outras universidades, sendo ainda regidas pela contradição entre a rejeição indiferente no convívio cotidiano e a aproximação nas festas regadas a bebidas alcoólicas. Também não há muitas professoras mulheres, muito menos em cargos efetivos, apesar de seu número estar crescendo: em 1996, 113 de 677 docentes eram mulheres, mas somente 20 de 290 professores permanentes, e somente 31 de 202 professores associados. O grande Departamento de Filosofia não tem mulheres em cargos efetivos, apesar de agora haver duas mulheres em processo de efetivação. Por estatuto, o reitor da universidade deve ser um padre, portanto, um homem. E enquanto os professores podem questionar livremente as posições do Vaticano sobre questões relacionadas às mulheres, um grupo de alunas que prestava informações sobre contracepção e aborto não foi reconhecido oficialmente.

Na turma de vinte e cinco estudantes de Quinn, as três mulheres estavam extremamente caladas. Elas pareciam hesitantes, depressivas, sem a exuberância física presente nos homens. As relações entre alunos e alunas não pareciam boas; alguns rapazes se expressavam com um desdém que explicava o silêncio das mulheres. Durante uma discussão de estudos sobre mulheres, um aluno perguntou porque os homens precisavam ir para a sala de aula para aprender sobre as mulheres, se de qualquer maneira eles as viam no campus. Depois da aula, uma mulher que esteve em silêncio durante a discussão comentou baixinho que o caráter predominantemente masculino da igreja católica tornava difícil para ela sentir-se uma cidadã comum.

Não surpreende, então, que a Universidade de Notre Dame não seja pioneira no progresso curricular de estudos sobre mulheres. Em contraste com a situação da maioria dos campi universitários de mesmo tamanho, por muito tempo não houve um centro feminino, onde docentes e alunos pudessem discutir tanto questões intelectuais como questões sobre a vida no campus. Recentemente, porém, foi fundado um pequeno Centro de Informações sobre Mulheres, um sinal do crescente status das mulheres no campus. Há pouco tempo, também, foi criado um programa de estudos de gênero. Apesar de seu financiamento ser reduzido, o programa oferece um curso de graduação e patrocina um grupo de discussão de professores que se encontra semanalmente. O nível de entusiasmo e de debate caloroso nesse grupo parece bastante alto, apesar do pouco apoio de um corpo discente predominantemente conservador.

Joan Aldous, professora de sociologia ligada a William R. Kenan

Jr. e presidente do programa de estudos de gênero, era a única professora interina no corpo docente em 1976. Aldous, uma não-católica, é evidentemente uma pessoa de grande determinação. Tendo superado uma séria deficiência que impedia o uso normal de suas mãos, ela se tornou grande acadêmica e firme administradora, lutando com destreza pelo novo programa. As mulheres – ela acredita – não são uma minoria favorecida na Notre Dame. Ela presenciou consideravelmente mais apoio político e financeiro a estudos afro-americanos do que a estudos sobre mulheres. Um tema pouco discutido é que fazer os afro-americanos se sentirem em casa leva ao sucesso da Notre Dame nos esportes, enquanto que fazer as mulheres se sentirem à vontade não traz nenhuma vantagem. Mas o novo programa existe, com baixos financiamentos, porém destemido. A escolha de chamá-lo de Estudos de Gênero, ao invés de Estudos sobre Mulheres, reflete a visão do grupo sobre o esforço que levaria para tornar o estudo intelectualmente respeitável na Notre Dame.

Aldous considera importante dar títulos inofensivos às disciplinas. Por exemplo, ela substituiu o título prévio "Mudando os Papéis de Gênero" pelo agora popular "Papéis de Gênero na Atualidade" quando descobriu que os alunos homens pensaram que o curso seria sobre operações para troca de sexo! Inicialmente, não havia praticamente nenhum homem no curso. Agora, os alunos são um quarto dos matriculados na disciplina. Mas mesmo com todos esses esforços, é difícil convencer o corpo administrativo da universidade a se preocupar com o progresso curricular. Aldous observa que "...a maioria das pessoas não está propensa a protestar contra a injustiça, não importa se têm cinqüenta ou vinte e cinco anos...".

Mais recentemente, Kathy Biddick, uma historiadora medieval que atualmente preside o programa, mostrou habilidade e tenacidade em fazer dele um lugar ativo para pessoas de diferentes experiências acadêmicas. O liberal Departamento de Teologia conta com várias mulheres maravilhosas que têm grandes interesses em questões sobre mulheres. Jovens professores que compreendem a formação original dos alunos e suas prováveis concepções dos papéis de gênero estão fazendo um grande esforço para conversar com os alunos em diferentes situações, que variam desde disciplinas independentes de estudo de ética e sexualidade até reuniões informais nos alojamentos estudantis. É possível sentir um pouco dessa lenta mudança.

Mas há algo na atmosfera da sala de aula e do campus que diz às mulheres que esse não é um lugar para elas serem percebidas ou para serem assertivas. A Universidade de Notre Dame terá que trabalhar duro para tornar-se uma universidade totalmente inclusiva. Uma boa medida seria certamente aumentar o financiamento aos Estudos de Gênero para que os alunos homens pudessem aprender mais sobre a história e a vida das mulheres.

HOMOSSEXUALIDADE

De todas as questões de diversidade no campus da Notre Dame, o tema do homossexualismo é a causa das mais amargas divisões institucionais. A administração tem continuamente recusado o reconhecimento oficial a um grupo de estudos gays e lésbicos. Já em 1995, o grupo foi informado de que não poderia mais utilizar o espaço vago no centro de aconselhamento, onde se encontrava extra-oficialmente. Estudantes e docentes não têm certeza do que levou a essa mudança, mas especulam que ex-alunos conservadores possam ter pressionado a administração. Em resposta, a maioria esmagadora da administração da instituição votou a favor não só do uso da sala por estudantes gays e lésbicas, mas também do reconhecimento oficial de sua organização. Segundo Quinn:

> "...Na maioria das vezes, questões referentes à orientação sexual são evitadas, ignoradas ou mencionadas superficialmente em sala de aula. A liberdade de pensamento ou mesmo a mais limitada capacidade racional que os cristãos são passíveis de atribuir à humanidade arruinada têm poucas chances de prevalecer em discussões sobre orientação sexual na Notre Dame. Aqueles de nós que acham isso deplorável podem tentar defender os direitos profissionais e a liberdade acadêmica de gays e lésbicas contra a

opressão institucional que sofrem na Notre Dame. Fora disso, gestos modestos de apoio também são aceitos..."

A posição da igreja quanto à homossexualidade é intensamente contestada dentro da própria igreja. Parece razoável não impedir esse debate no campus, e os docentes liberais na Notre Dame têm feito um esforço concentrado para trazer ao campus palestrantes com pontos de vista diversos. A própria universidade possui uma grande diversidade de opiniões, variando desde as visões mais conservadoras de John Finnis, da Escola de Direito, até as visões moderadas e liberais de Quinn e de seu colega filósofo Paul Weithman. Parece que ambos os lados devem apoiar a administração, fazendo pressão para criar condições nas quais os próprios estudantes possam se tornar parceiros nesse debate e no aprendizado que é sua condição fundamental.

O catolicismo e a diversidade cultural são aliados quando se fala do estudo de culturas não-ocidentais e da experiência das minorias dos Estados Unidos. Em relação a questões das mulheres, eles foram antagonistas no passado, apesar de a situação parecer estar melhorando lentamente. A respeito da orientação sexual, apesar da presença de vários pontos de vista entre os representantes do corpo docente, eles continuam antagonistas até hoje. Mas a forte reação à administração fez os docentes adotarem uma solidariedade incomum em defesa da liberdade de se organizar, de debater e de pesquisar. Há fortes razões para pensar que um respeito verdadeiro pela diversidade fará avançar o debate.

No geral, a Universidade de Notre Dame foi bem-sucedida na construção de um campus religioso respeitável, que é também um lugar de genuína pesquisa e debate. Certamente, a vigilância contínua é necessária à preservação de um espaço de livre posicionamento sobre todos os assuntos, incluindo aquelas posturas que desafiam a ortodoxia e pedem à tradição que se transforme em "tudo aquilo que poderia ser". Mas a dedicação da instituição aos ideais socráticos não é meramente superficial; seus docentes parecem singularmente engajados nessa norma. Eles precisam agarrar-se a ela se quiserem provar que Shaw está errado e atingir a excelência numa universidade católica.

BRIGHAM YOUNG: REVELAÇÃO POR MEIO DA RAZÃO?

A Universidade de Notre Dame é herdeira de uma tradição de séculos de educação superior católica, cujos arquitetos incluíam Tomás de Aquino e uma longa linha de importantes pensadores. Brigham Young, no entanto, é a única universidade mórmon no mundo, com um outro campus no Havaí. Com exceção do que acontece na UBY todos os dias, não há uma tradição mórmon de educação superior, nem há uma tradição de teologia mórmon claramente discutida que oriente os líderes educacionais.

A UBY é resultante de um sistema mais antigo de academias religiosas que, por sua vez, resultou de um sistema de escolas relacionadas com igrejas. As escolas datam de 1847, com a primeira chegada de colonizadores mórmons no Vale de Utah. Desde o começo, a Igreja de Jesus Cristo dos Santos dos Últimos Dias se organizou para se distinguir das denominações que eram contra a arte e a educação. Através de seu apoio importante à música e à dança, a igreja fez de Utah um centro famoso por sua música de coral, orquestra e balé. Através de seu vigoroso apoio à educação, foi fundada, em 1875, a Academia Brigham Young, que se tornou universidade em 1904 e que é, hoje, a maior universidade privada dos Estados Unidos. A igreja é dona da universidade e subsidia aproximadamente dois terços de suas operações com o dízimo. Isso dá aos anciãos da igreja bastante poder sobre a UBY, e muitos deles trabalham como membros do corpo administrativo. O dinheiro restante vem das taxas da universidade, que são mais altas para o estudante não-mórmon (3.300 dólares por ano letivo em 1993 e 1994) do que para o estudante mórmon (2.200 dólares). Em 1992 e 1993, havia 27.985 estudantes em tempo integral (26.266 na graduação e 1.719 na pós-graduação e nas carreiras técnicas), mais 2.419 alunos em meio período e 1.238 alunos à noite. Em 1994, um relatório do corpo docente declarou que o número de matrículas estaria provavelmente por volta de 33.000. A UBY está em décimo lugar no ranking de pesquisadores inscritos na Ordem Nacional do Mérito Científico e em terceiro lugar no número de pontuações em testes de ingresso alternativo enviados à universidade.

Os alunos na UBY devem adaptar-se a um exigente código de vestimenta e de comportamento, o que inclui abstinência de café, de chá, de todas as formas de álcool e de sexo fora do casamento. A conduta profana e o uso de barba e de vestidos sem mangas são proibidos. A freqüência às convocações religiosas é extremamente desejada – a universidade basicamente pára nessas horas. A presença nos cultos de sábado na igreja é exigida para a emissão de um certificado, e a cada semestre os estudantes devem ser qualificados como aceitáveis pelo bispo. Como é de se esperar, essas exigências produzem um corpo discente relativamente homogêneo – apesar de as baixas mensalidades da UBY a tornarem atraente para muitos que não necessariamente concordam com as exigências. Politicamente, há grande homogeneidade. Apesar de existirem de fato democratas na UBY, eles são freqüentemente ridicularizados e assediados (Richards, 1993). A UBY recruta alguns alunos mórmons pertencentes às minorias em áreas urbanas. Por causa do sucesso de suas missões fora do país, a universidade matricula certo número de asiáticos e hispânicos. Mas o total de matrículas de grupos minoritários fica em torno de 4%.

A UBY afirma claramente o objetivo religioso de sua educação: os estudantes devem aprender "as verdades do evangelho de Jesus Cristo": "qualquer educação que não enfatize que o nome d'Ele é o único fora do Paraíso através do qual o homem pode ser salvo é inadequada".[8] A Universidade de Notre Dame exige sério respeito pela tradição católica romana, mas, em conformidade com a visão do Papa, não nega que os cristãos tenham algo a aprender com outras tradições. A UBY, pelo contrário, desde o começo declara publicamente uma posição que pode impedir a freqüência de estudantes e docentes não-cristãos: em ambos os casos, os mórmons recebem um alto grau de preferência.

A Igreja dos Santos dos Últimos Dias é regida por um grupo de anciãos organizados por ordem de idade. Esse sistema assegura que o gerenciamento da igreja e, portanto, da universidade, fique nas mãos de pessoas de idade bastante avançada – às vezes com competência cognitiva comprometida. Os anciãos, porém, demonstram grande condescendência uns pelos outros, freqüentemente se recusando a criticar as declarações dos colegas. Declarações agressivas podem ser feitas sem que sejam criticadas, o que cria incertezas sobre até que ponto elas expressam a doutrina da igreja. Em 18 de maio de 1993, Elder Boyd Packer disse em um discurso que os três grandes inimigos do mormonismo eram as feministas, os homossexuais e os intelectuais. Suas opiniões tiveram forte influência, em parte porque outros anciãos ficaram relutantes em criticar sua opinião. Apesar de em 1995 Packer ter deixado de ser um membro do corpo administrativo da UBY – em um ato que se pensou ser um sinal de apoio à liberdade acadêmica –, a nova política de Bateman em relação à ortodoxia dos docentes sugere que sua opinião não foi marginalizada.

As incertezas são agravadas pelo fato de que não há diretrizes gerais sobre quais declarações dos anciãos, no passado e no presente, são autoritárias. Além disso, a doutrina da "revelação contínua" – evidentemente invocada em 9 de junho de 1978 para alterar a antiga política da igreja ao admitir rapazes afro-americanos no sacerdócio – faz ficar perpetuamente obscuro se as declarações que parecem mais autoritárias hoje continuarão a ser empecilhos amanhã (Smith, 1992). Os professores e os administradores na UBY divergem sobre o papel de uma educação universitária na vida religiosa e sobre a relação apropriada entre a razão e a revelação. De um lado, estão aqueles que pensam que uma educação superior mórmon deve oferecer aculturação inquestionável às tradições mórmons, ao mesmo tempo em que se proporciona o desenvolvimento de habilidades vocacionais úteis. Os adeptos dessa visão são céticos em relação à pós-graduação na UBY. Eles tendem a apoiar uma forte e um tanto não-acadêmica exigência religiosa aos alunos, e a favorecer padrões de ortodoxia religiosa tanto para a matrícula de estudantes quanto para a contratação e permanência de docentes. Uma justificativa teológica para essa visão é que a razão deve operar dentro dos limites estabelecidos pela revelação. Defende-se que limites rígidos às críticas aos oficiais da igreja criam um tipo novo e diferente de liberdade acadêmica, mais apropriado a uma universidade religiosa que as normas da academia secular (Laycock, 1993).

Aqueles que se encontram no outro lado da discussão querem que a UBY seja mais ou menos como a Universidade de Notre Dame: aspirando à excelência acadêmica na graduação e na pós-graduação, preservando fortes garantias de liberdade acadêmica e de pesquisa, e protegendo o caráter religioso da UBY não pela oposição ao dissenso, mas pela atração de talentosos docentes mórmons com um compromisso de mente aberta para com a diversidade de opinião na academia. Em termos teológicos, essa perspectiva pode insistir que a liberdade de pesquisa é uma idéia antiga e profunda da tradição mórmon. Joseph Smith – um autodidata que adorava os estudos lingüístico e histórico – escreveu que desejava que os mórmons não fossem hostis à ciência, mas que vissem a ciência e a razão em geral, como avenidas pela quais passa a revelação divina. Como outros aspectos dos primórdios do mormonismo, por exemplo, o ceticismo sobre a propriedade privada, a opinião de Smith sobre o aprendizado foi calada pela hierarquia mórmon mais tarde.

Críticas severas a docentes por suas opiniões acadêmicas não são novidade na UBY: em 1911, três professores foram demitidos por defenderem a teoria evolucionista e por estudarem a Bíblia sob uma ótica de revisão. Mas nos últimos anos, depois de uma era de relativa tolerância, questões de liberdade acadêmica se tornaram extremamente problemáticas. Em 1993, foi negada uma renovação contratual às vésperas do contrato efetivo a Cecilia Konchar Farr, do Departamento de Língua Inglesa, contratada especificamente para lecionar a teoria literária feminista.[9] Apesar de inicialmente declarações sobre supostos defeitos em suas publicações acadêmicas terem sido feitas, no fim elas foram retiradas, e os fundamentos para sua demissão focalizaram críticas a sua "cidadania", o que se referia a seu ativismo feminista. Farr discutia questões feministas em suas aulas, esforçava-se para divulgar e criticar a violência contra a mulher, e uma vez discursou numa assembléia liberal – apesar de declarar que sua opinião pessoal era contra o aborto e de apoiar o posicionamento da Primeira Presidência da Igreja de Jesus Cristo dos Santos dos Últimos Dias. Ela discursou com total apoio dos líderes eclesiásticos locais.

O caso Farr, junto com a demissão de outro membro liberal do corpo docente, o antropólogo David Knowlton, aparentemente por suas críticas à política da igreja e à administração da UBY em contextos acadêmicos, levaram à saída voluntária de vários excelentes professores, especialmente mulheres, alguns dos quais com reputação nacional. Harold Miller, decano de educação geral e de programas especiais, também pediu demissão após esses eventos. A nova política de Bateman levará a outras saídas voluntárias – e indubitavelmente a mais demissões. Enquanto isso, estudantes formados pela UBY que estão fazendo doutorado em outros lugares – o que consiste em uma fonte de futuros docentes da UBY – julgam cada vez mais que uma carreira na UBY não é para eles. Phi Beta Kappa, a sociedade honorífica acadêmica nacional, tem recusado repetidas vezes o pedido da UBY de estabelecimento de um clero local no campus, baseada nas conseqüentes restrições à liberdade acadêmica. Esses são alguns dos maus sinais para o futuro da UBY como universidade.

Os professores não são livres nem mesmo para convidar visitantes ao campus. MacArthur Fellow, vencedor do Prêmio Pulitzer, professor de História em Harvard, e a mórmon Laurel Thatcher Ulrich foram considerados inadequados para fazer o discurso introdutório na Conferência de Mulheres, em 1993, na UBY – sem nenhuma explicação e sem oportunidade para discussão – e não foram autorizados a discursar no campus desde então. Outros palestrantes foram também vetados.[10]

Para entender o impacto dessas restrições no corpo docente atual, considere o caso de Scott Abbott. Mórmon engajado, Abbott é um famoso estudioso do Romantismo alemão. Depois de terminar sua graduação na UBY, Abbott foi para o curso de pós-graduação em Princeton, onde lecionou durante certo tempo sobre crenças mórmons a alunos da graduação. Logo depois de fazer seu doutorado, Abbott foi lecionar em Vanderbilt, onde se tornou professor efetivo em 1988. Mas suas raízes mórmons e ligações familiares o levaram a retornar à UBY com um cargo de professor associado efetivo em Línguas Germânicas e Literaturas e movido por "um desejo de trabalhar na universidade que me formou e que formaria meus colegas mórmons nos anos seguintes" (Abbott, 1992). No começo, Abbott estava feliz com seu departamento e seus alunos altamente inteligentes, e confiante sobre seu papel na universidade. Ele era exatamente o tipo de cidadão talentoso, confiante e engajado que fortaleceria a UBY no futuro, sendo também um excelente acadêmico e um imponente orador. A combinação de Romantismo alemão com magistério na UBY não é comum hoje, sendo inclusive um indicativo de conflito em potencial, dado o atual entendimento reduzido da pauta moral da universidade. No entanto, na época de sua indicação, para sua vantagem a UBY era grande o suficiente para ter essa área e a visão de vida que pode derivar dela.

As coisas mudaram abruptamente para Abbott em setembro de 1992, quando ele publicou, no periódico mórmon *Sunstone* – agora reservado aos docentes da UBY que querem manter-se estáveis – um artigo chamado "Um Senhor, Uma Fé, Duas Universidades: Tensões entre 'Religião' e 'Pensamento' na UBY". Esse artigo é uma declaração suave sobre a importância da liberdade acadêmica. Nele, Abbott cita uma carta em que Joseph Smith declarou que "o primeiro e fundamental princípio de nossa religião sagrada é o de que cremos que temos o direito de aceitar todo e cada item da verdade, sem limitação e sem ser restringidos ou censurados pelos credos ou superstições dos homens, ou pelos domínios de um pelo outro". Partindo desse princípio, ele defende a liberdade acadêmica como essencial para que a UBY se fortaleça. No processo, ele educadamente critica declarações de vários líderes da igreja, especialmente Elder Boyd Packer, em relação às limitações da razão e à necessidade de assegurar controle da administração sobre padrões de excelência na docência e conduta. Abbott nega que a excelência acadêmica subverta a lealdade religiosa, e questiona a forte oposição entre a razão e "os trabalhos do espírito", afirmada por Packer. Abbott argumenta que é por meio de uma afirmação incondicional das conexões entre a razão e a fé que a UBY pode assumir melhor uma identidade própria no mundo secular. Em particular, ele questiona o intenso escrutínio que os professores encontram quando querem escrever sobre a história mórmon ou sobre a vida mórmon contemporânea.

Por causa dessa declaração – que lembra a linha ortodoxa católica romana sobre a liberdade acadêmica –, a "dignidade ao Templo" de Abbott (um certificado oficial de merecimento para entrar no Tempo) foi retirada, e sua promoção de professor associado a professor efetivo foi negada. Ele recebeu ordens de se desculpar com os anciãos que havia criticado. Sua situação na UBY se tornou extremamente delicada. A morte de seu irmão homossexual por AIDS em 1994 aumentou seus problemas, fazendo-o pensar criticamente sobre vários aspectos da política da igreja e levando-o a questionar seu próprio status familiar de "bom irmão". Em 1994, Abbott escreveu uma narrativa autobiográfica que ganhou o primeiro lugar do Conselho de Artes do Estado de Utah na categoria não-ficção. Perto do final do livro, ele descreve a si mesmo fazendo uma caminhada, depois da morte de seu irmão, nas montanhas de Utah. Na trilha que segue, cruza com um rato morto. Parece um rato perfeito, rechonchudo, com uma pelugem cintilante – até que ele percebe que o rato não tem cabeça e que os insetos estão se alimentando dos restos de seu pescoço. Desse modo, com uma curiosa mistura do sublime de Utah com o grotesco germânico, Abbott retrata sua própria situação numa religião que parece pedir a ele que não tenha opinião própria.

O caso de John Armstrong, líder estudantil na UBY, ilustra as tensões que as políticas atuais dessa universidade geram sobre seus estudantes. Sendo um aluno academicamente excelente, John estava destinado ao sucesso profissional com o estudo da filosofia grega antiga e tinha esperanças de fazer doutorado para depois voltar à

UBY como professor. Como líder estudantil, ele era um liberal, questionando as posturas oficiais dos anciãos e dos administradores da universidade em relação a uma série de aspectos. Por outro lado, ele era sempre cortês com os administradores e leal a sua religião. Em relação ao seu estilo de vida e à seriedade de seu compromisso, era um mórmon exemplar, que achava as exigências morais da vida mórmon confortáveis e apropriadas. De fato, seu objetivo era claramente tornar-se um líder na fé. Atualmente, John é um estudante de pós-graduação na Universidade do Arizona e ocupa-se de seus estudos sobre Platão. Ele escreveu sobre o tema da razão e revelação, emitindo opiniões similares às de Abbott (Armstrong, 1994). A experiência de Abbott indica que Armstrong dificilmente será contratado pela UBY, e que tampouco ele escolheria lá trabalhar. As políticas da UBY afastam, portanto, os mais talentosos da nova geração. O contraste com o bom tratamento da Universidade de Notre Dame aos jovens liberais como Paul Weithman e Maura Ryan é elucidativo.

Os professores estão atualmente protestando contra esse estreitamento de limites ao discurso e ao comportamento. No dia 21 de março de 1996, os membros da UBY da Associação Americana de Professores Universitários submeteram uma declaração ao grupo de avaliadores da UBY, detalhando eventos que pareciam comprometer a liberdade acadêmica, incluindo a seguinte conclusão geral:

> "...Assim como as coisas estão, a administração pode, com um embasamento *ad hoc* e sem se responsabilizar, agir sobre qualquer docente que quiser, afirmando simplesmente que seu ensino ou suas publicações são contrários aos interesses da igreja. Pouquíssimos de nós, se é que há, querem prejudicar a igreja. E, guiados por nossas convicções religiosas, a maioria de nós tem moderação naquilo que professa. Além do mais, se é para nos desenvolvermos, precisamos ter liberdade para pensar, para pesquisar, para questionar. Quando tomamos medidas sérias para limitar a pesquisa, deixamos de ser uma universidade. E quando os docentes precisam constantemente ponderar se seus trabalhos serão

aprovados na avaliação da junta administrativa, eles deixam de ser acadêmicos...".[11]

Os autores do relatório da Associação Americana de Professores Universitários enfatizam que o que eles procuram é "o tipo de crítica e argumentação aberta e produtiva que estimula o bom pensamento e a tomada moral de decisões". Isso, a Associação sustenta, deve incluir a liberdade de discutirem políticas sem o temor constante de serem estigmatizados de "advogados do adversário".

Dadas essas restrições à vida intelectual dos professores e estudantes, seria surpreendente se o currículo da UBY mostrasse dedicação aos objetivos do método socrático e da cidadania mundial. De fato, esses objetivos não são bem firmados. As exigências no âmbito da universidade são duas: disciplina religiosa e disciplina física. Exige-se também que os estudantes cursem sete disciplinas de religião, cada uma correspondente a dois créditos. Tais disciplinas, ministradas em sua maioria por docentes sem títulos avançados, são de caráter deliberadamente não-acadêmico. Os estudantes são avaliados por testes de múltipla escolha que não lhes dão oportunidade de desenvolver uma linha de argumento ou de expressar uma dúvida. A ênfase está em transmitir a ortodoxia ao invés de ensinar os alunos a refletir. Os pesquisadores docentes, tanto liberais quanto conservadores, sentem-se insatisfeitos com essa abordagem limitada da educação religiosa.

A UBY não tem exigências em filosofia, nem há a menor chance de que tenha uma. De acordo com a Enciclopédia de Mormonismo, que apresenta uma descrição reflexiva das principais correntes, "movimentos contemporâneos analíticos e existenciais na filosofia tiveram pouco impacto sobre o pensamento [mórmon], não porque ele não esteja consciente deles, mas porque ele tem respostas diferentes às questões que esses movimentos levantam. As questões: 'como posso saber?', 'o que é o mundo visto?', 'o que é o mundo não-visto?' e 'como posso ser sábio?' são todas respondidas pessoalmente a cada participante da Igreja dos Santos dos Últimos Dias". A cultura mórmon, o texto resume, "não encoraja o filosofar".

Apesar de tudo, a UBY tem um departamento de filosofia razoavelmente bom, tendo alguns de seus docentes reputação nacional – particularmente na história da filosofia, que talvez seja menos controversa no campus do que as questões contemporâneas. A UBY mandou talentosos alunos de graduação a bons programas de pósgraduação em outros lugares. O curso de graduação enfatiza que eles podem se sentir livres para estudar autores que fazem perguntas desconfortáveis: por exemplo, uma disciplina sobre Nietzsche, ministrada pelo filósofo Jim Faulconer, focalizando a crítica ao Cristianismo. Dan Graham, um mórmon conservador, especialista em Sócrates e em Aristóteles e respeitado internacionalmente, defende que há maneiras de introduzir questionamentos filosóficos consistentes com o modo de vida mórmon. Ensinar as habilidades de argumentação socrática, ele afirma, é totalmente consistente com a indicação de que algumas conclusões são mais fundamentadas que outras e com a demonstração de que a razão não é o único norteador da vida humana. Apesar desses esforços importantes, o impacto da investigação socrática não é sentido no corpo discente como um todo. Nenhum administrador da UBY descreveria a lealdade da instituição como Attridge descreveu a da Universidade de Notre Dame, dizendo que as duas narrativas principais são as histórias de Sócrates e de Jesus. Em geral, a UBY está longe de entender o objetivo de Sócrates da vida examinada.

Até que ponto a Universidade de Brigham Young, como a de Notre Dame, tentou construir um currículo para a cidadania mundial? A UBY tem vastas fontes; seu potencial para ofertas interessantes nas várias áreas da diversidade humana é grande. Na maior parte das vezes, no entanto, esse potencial é pouco explorado – porque o estudo da diversidade não é valorizado por aqueles que dirigem a universidade.

ESTUDO DE CULTURAS NÃO-OCIDENTAIS

A UBY possui uma atmosfera marcadamente cosmopolita. Isso se dá porque a igreja mantém missões no mundo inteiro, e porque muitos estudantes de graduação da UBY estão ou indo ou voltando dessas missões. Nenhuma universidade neste país oferece tantas línguas estrangeiras – incluindo até mesmo as raramente ensinadas línguas da região austro-asiática e do Pacífico Sul, o persa/farsi, algumas línguas crioulas do Haiti, algumas línguas indígenas e algumas africanas. Muitos alunos da UBY são proficientes em línguas não-ocidentais. John Armstrong, por exemplo, que fez seu trabalho missionário na China, é fluente em mandarim, assim como em grego e em latim antigo. Setecentos estudantes estão matriculados atualmente em cursos de japonês, e um grande número de alunos também estuda coreano – um número provavelmente maior que em qualquer outro campus estadunidense. E o ensino não se limita à instrução formal da língua: há ricos programas de estudos do Oriente Médio, da América Latina, do Canadá, da Ásia, e de relações internacionais.

Apesar disso, o fato de essas ricas fontes serem direcionadas à atividade missionária gera problemas. Em qualquer instituição religiosa, os estudantes tendem a abordar uma cultura estrangeira sob o ponto de vista conveniente a suas próprias convicções. Porém, como enfatizou o Papa João Paulo II, bons cristãos em um mundo plural podem e devem lutar por uma genuína abertura ao entendimento de outras culturas, acreditando que podem aprender alguma coisa sobre o modo como diferentes grupos de pessoas meditaram sobre os mistérios da existência. No geral, esse não é o caso da UBY. O objetivo básico da instrução estrangeira é converter pessoas fora do país – e isso significa formar estudantes que possam agir em outros países com cortesia e tato, mas sem serem tocados ou mudados por quem eles encontram. O tipo de abertura descrita pelo Papa João Paulo II pode ser arriscado para um jovem missionário, e a UBY não procura, em geral, ter tal abertura. Como observou um membro do corpo docente, "o 'cidadão do mundo' não é a idéia aqui – esta é uma igreja de apóstolos. A pergunta que se faz é: que pessoas queremos para representar a verdade?".

Alguns professores lutam por uma maior abordagem curricular de culturas estrangeiras. Eles, porém, acham difícil estabelecer contato com os alunos. Valerie Hudson, uma jovem professora de ciência política trabalhando com os papéis das mulheres em países em desenvolvimento, relata que seus estudantes entram na sala de aula com a convicção de que a cultura estadunidense já tem tudo de bom. Ela acredita que os docentes têm a responsabilidade de encorajar um maior respeito pelas tradições de outros países. Outros professores, porém, sentem a pressão institucional para que não se expanda a abordagem de culturas não-ocidentais; os reitores, por sua vez, são fortemente pressionados a designar os docentes interessados para outras disciplinas mais tradicionais.

MINORIAS ÉTNICAS E RACIAIS

Todo o currículo da UBY, que tem o compromisso com o mormonismo em seu cerne, é uma forma de estudo da minoria, mas esse estudo não é bem sucedido. Enquanto a Universidade de Notre Dame encoraja o estudo acadêmico da história e da teologia católica românica, a UBY se esquiva de estudos similares sobre o mormonismo. Docentes que desejem realizar esse tipo de pesquisa estão sujeitos a um grau incomum de observações e de pressão. Os estudantes têm poucas oportunidades de aprender sobre sua própria tradição e respectivas questões discutíveis. Muitos docentes acham essa situação deplorável.

Há algumas ofertas de disciplina sobre outras minorias: um programa especial que lida com a experiência dos afro-americanos e dos nativos dos Estados Unidos, um curso de graduação em estudos sobre os Estados Unidos, e projetos de aprendizado fora do campus através da prestação de serviços de vários tipos. No geral, porém, a homogeneidade da pesquisa é valorizada, e não há interesse sério em estimular os alunos a entenderem a situação de outros grupos e religiões dentro de sua própria cultura. Somente um membro do corpo docente, um especialista em estudos de nativos estadunidenses, é de fato formado em literatura de minoria étnica. Outras disciplinas são oferecidas em uma base autodidata *ad hoc*.

Um sério obstáculo ao aprendizado da experiência da diversidade é a existência de regras que controlam a exposição a informações perturbadoras. Os mórmons não devem assistir a filmes não-recomendados, sendo irrelevantes as razões para que eles tenham tal censura. Conseqüentemente, docentes que queriam que seus alunos assistissem ao filme "A Lista de Schindler" para proporcionar o entendimento do Holocausto não puderam fazê-lo. O Conselho de Artes de Utah lançou uma permissão para que todos os estudantes de ensino médio no estado assistissem ao filme gratuitamente, mas isso não serviu de nada para os estudantes que desejavam manter uma boa reputação dentro da UBY ou frente a ela. Um membro do corpo docente notou: "Essa cultura tenta manter as pessoas na infância". Em um mundo com um histórico de brutalidade étnica, a infantilidade pode ser um mau estado para um cidadão.

ESTUDOS SOBRE MULHERES

Mulheres não podem ingressar no sacerdócio mórmon, um status amplamente aberto entre homens, e uma condição absoluta para o progresso. Essa situação tem sido cada vez mais desafiada pelos acadêmicos mais jovens. Um número crescente de mórmons feministas tem desenvolvido interpretações de escrituras que enfatizam o papel da "Santa Maria", para defender um papel mais amplo das mulheres na hierarquia da igreja (Wilcox, 1992; Hanks, 1992). Elas também recolheram evidências históricas polêmicas de que Joseph Smith e Brigham Young de fato estenderam o sacerdócio a mulheres (Quinn, 1992). Muitas esperam que, mesmo o argumento histórico sendo aceito, uma revelação futura também possa trazer mudanças. A história das mulheres no mormonismo é uma área de pesquisa importante, assim como o são as questões contemporâneas envolvendo o papel da mulher (Beecher e Anderson, 1992; Smith, 1994).

Infelizmente, quase nenhum desses novos trabalhos é conduzido na UBY. No início dos anos 1990, havia uma comunidade feminista ativa que se considerava livre para pesquisar todas as áreas da história e do pensamento mórmon – apesar de já terem sentido dificuldades em conseguir aprovação para publicar os resultados de sua pesquisa em áreas polêmicas da história mórmon. Com a demissão de Farr, no entanto, muitos desses docentes saíram da universidade. Alguns acadêmicos dedicados permanecem na universidade e estão trabalhando duro para sustentar o Instituto de Pesquisa sobre Mulheres, fundado em 1978.

No entanto, professoras que lecionam questões sobre mulheres na UBY o fazem sob fortes pressões. Algumas, como Farr, têm sido criticadas por politizar a sala de aula. Outras têm sido pressionadas para retirar alguns autores de suas ementas. Docentes homens podem ter mais liberdade para usar textos de autores feministas que as docentes mulheres. O filósofo Jim Faulconer ministrou um curso sobre feminismo, no qual incluiu escritoras como Catharine MacKinnon e Drucilla Cornell. Mas os homens não estão isentos de críticas: um professor no Departamento de Língua Inglesa deixou de receber um cargo efetivo depois que um conservador pai de aluno, que também era oficial da igreja, reclamou de ele ter pedido a leitura de um romance de Margaret Atwood.

Recentemente, a oposição aos estudos feministas tem se intensificado. O clero local da Associação Americana de Professores Universitários entregou, junto com seu relatório geral, um documento em separado cujo título era "Limitações à liberdade acadêmica das mulheres na Universidade de Brigham Young". Ele descrevia vários casos de recusa em se contratar novas docentes recomendadas por departamentos – quatro desses no Departamento de Língua Inglesa –, incluindo casos de demissões, de veto de palestrantes, e de interferência no discurso e nas publicações das docentes. Em 1995, para dar um exemplo representativo, as professoras Karen E. Gerdes e Martha N. Beck foram proibidas de publicar os resultados de seus estudos sobre as experiências de mulheres mórmons sobreviventes de abuso sexual na infância e sobre uma suposta indiferença de líderes mórmons quando elas pediram ajuda. Ambas as professoras deixaram a universidade desde então (Gerdes e Beck, 1996). Desde há algum tempo, tem-se questionado candidatas a vagas na universidade sobre se aceitariam deixar de publicar sua pesquisa se um líder religioso pedisse. Sugere-se em tais casos que as candidatas concordem em não publicar.[12]

Em 1996, a professora feminista de língua inglesa Gail Turley Houston foi demitida apesar da recomendação positiva de sua efetivação feita pelo seu departamento e de seu alto nível de ensino. A administração fez uma tentativa de subestimar o trabalho profissional de Houston, alegando uma ausência de "perspectivas religiosas" e de "inspiração espiritual" em sua prática de ensino e acusando-a de "contradizer doutrinas fundamentais da igreja", numa declaração de que ela orou à Santa Maria assim como ao Senhor. A administração citou ainda uma declaração dela elogiando a "liberdade de escolha" como um objetivo apropriado às mulheres. Houston, que foi aceita num cargo efetivo na Universidade do Novo México em Albuquerque, afirma que suas crenças mórmons estão "no centro de minha vida...mas me sinto em paz e calma porque tentei falar da verdade como a vejo em relação a questões vitais à comunidade da igreja e da universidade..." (Stack, 1996). Enquanto os estudos feministas sobre a história mórmon e sobre a vida mórmon contemporânea forem realizados fora da UBY, a universidade não terá um programa de estudos sobre mulheres digno desse título. As restrições encontradas pelas docentes são tão invasivas e desiguais que um emprego na UBY deixa de ser uma opção atraente para mulheres leais ao mormonismo.

HOMOSSEXUALIDADE

Há pouca clareza sobre as razões das restrições mórmons à homossexualidade. Apesar de o casamento ser uma condição para o sexo moralmente aprovado, atos sexuais dentro do casamento não precisam ser abertos à procriação, como é o caso no catolicismo romano. Não há censura à contracepção ou aos atos sexuais orais e anais. Atos homossexuais, como os atos anteriores ao casamento, são vistos como imorais porque ocorrem fora do matrimônio. Mas isso não explica a extrema aversão com a qual os mórmons vêem os homossexuais. Muitos mórmons defendem que a regra de heterossexualidade é uma profunda parte da teologia mórmon e de seu entendimento geral da salvação. Outros, porém, discordam, insistindo que sabemos muito pouco sobre gênero para inferir tais conclusões a partir das fontes antigas das escrituras. Enquanto isso, a posição oficial da igreja é parecida com a posição oficial católica romana: ame o pecador, odeie o pecado.[13] Castidade, terapia e "arrependimento" são recomendados.

O currículo da UBY em geral evita discussões sobre essa questão considerada problemática. Scott Braithwaite escreve:

> "...Enquanto lidava com minha orientação homossexual na UBY, lembro-me de me sentir isolado...Um ambiente controlado pela igreja tende a fazer qualquer inconformado sentir-se no lugar errado, mesmo quando a não-conformidade está além do controle da pessoa. A primeira menção à homossexualidade de todas as minhas disciplinas na UBY foi durante "Desenvolvimento Infantil", com o Price. Quando ele mencionou o assunto eu prestei bastante atenção – a homossexualidade era causada por uma mãe dominante e um pai ausente... eu até que tentei concordar com essa idéia, mas conhecia tantas mães dominantes que 90% da população deveria ser homossexual, e meu pai estava sempre presente. A disciplina mais apropriada na UBY para todo estudante que lide com a homossexualidade é a biologia. Enquanto elogio meu [professor] de biologia por falar francamente sobre o ato sexual humano heterossexual, nenhuma menção foi feita à variação sexual que existe na natureza. Não surpreendentemente – o conceito de variação sexual não é bem abordado pela igreja. A dor de não ser capaz de descobrir o que foi escrito e vivido por outros nessa área cria um isolamento prejudicial que mina a auto-estima e leva o jovem que aspira a uma vida mórmon a ficar numa posição adversária...".

Os docentes na UBY dizem que não acreditam que haja muita violência contra gays e lésbicas no campus. Mas Abbott e vários outros enfatizam que o silêncio e a ignorância reforçam estereótipos culturais que levam à violência contra homossexuais em nossa sociedade. Certamente, o silêncio é inimigo da estima e do amor. Não importa o que os membros da igreja pensem sobre essa questão, eles deveriam apoiar o conhecimento, e não a ignorância. "A glória de Deus é a inteligência": esse é o lema da Universidade de Brigham Young. A instituição precisa refletir sobre essas palavras. A inteligência é de fato gloriosa, mas uma obediência não-inteligente a essa regra não o é. No entanto, certas condições são exigidas para o despertar da inteligência na universidade, e a adesão a elas é essencial. Esse é o desafio da UBY, se ela quiser ser uma inspiração à juventude mórmon e uma líder da vida mórmon no futuro.

NOTRE DAME E UBY: DUAS DIREÇÕES PARA A CIDADANIA

Esses dois casos mostram a variedade de posturas diante de questões de diversidade recentemente adotadas por universidades com missões religiosas. Algumas abrigam ainda menos tensões entre missões acadêmicas e religiosas do que abriga a Universidade de Notre Dame, mas essas são instituições muito mais seculares, como a Universidade de Brandeis, que entendeu a missão religiosa de modo mais restrito desde o começo. A Brandeis tem como objetivo apoiar a vida religiosa dos estudantes judeus e fazê-los se sentirem em casa, mas nunca procurou um "número preponderante" de professores e estudantes judeus. Para as instituições cuja identidade religiosa modela mais diretamente a vida no campus, as escolhas disponíveis parecem estar entre esses dois pólos. A Universidade de Belmont, uma instituição batista em Nashville, impõe mais restrições à conduta e ao discurso dos docentes que a Universidade de Notre Dame, mas bem menos que a UBY. Como a UBY, ela possui uma relutância considerável em relação ao estudo da mulher e da sexualidade, e faz pouco esforço para estudar a cultura afro-americana. Por outro lado, seu departamento de filosofia atende a um grande número de estudantes, promovendo o método socrático e oferecendo alguns eficientes estudos interculturais.

Os exemplos da Universidade de Notre Dame e da UBY desafiam a afirmação de que as instituições religiosas de ensino superior estão em perigo *porque* seguiram as normas de liberdade acadêmica e a promoção baseada no mérito, aspectos esses correntes na academia secular. Na verdade, elas estão em perigo na medida em que *não* fazem isso. As contratações de acordo com critérios religiosos parecem um modo perfeitamente apropriado de manter uma tradição respeitável. Por outro lado, penalidades aplicadas em razão de discursos e pesquisas não-ortodoxos negam o próprio cerne de uma universidade. A Universidade de Notre Dame é vital, e é capaz de atrair bons acadêmicos católicos das universidades seculares, precisamente porque respeita suas opiniões e lhes dá liberdade, seguindo tanto a Jesus quanto a Sócrates. A UBY estava indo nessa mesma direção. A atual imposição de restrições à pesquisa e ao dissenso parece um pouco suicida numa instituição que tem a ambição de oferecer graduação e pós-graduação, e não simplesmente um programa de treinamento religioso. O compromisso mórmon com a educação e com as artes, há tempos um ponto forte da Igreja de Jesus Cristo dos Santos dos Últimos Dias, está ameaçado – precisamente porque os padrões de liberdade que são ironizados em alguns setores como "liberais" e "seculares" não foram suficientemente levados à sério como elementos essenciais para o respeito humano numa cultura democrática.

A nova ênfase na diversidade também não é uma ameaça à identidade genuinamente religiosa desses campi. É fácil ver que as orientações dadas pelo discurso do Papa João Paulo II, cultivando a receptividade e o entendimento em relação às diferenças culturais, devem ser seguidas para se ter uma boa universidade católica. Essa receptividade deve se estender às áreas de gênero e sexualidade, onde se deve promover mais debate e diálogo. "A civilidade morre com a morte do diálogo", escreveu o grande pensador católico John Courtney Murray – e a ocasional falta de civilidade em questões sexuais na Universidade de Notre Dame reflete a ausência de diálogo suficientemente respeitoso e pluralista. Na UBY, existem recursos e razões para o desenvolvimento de um currículo destacadamente rico em estudos internacionais e de minorias – apesar de ambos precisarem ser desenvolvidos independentemente de seu limitado propósito missionário se a intenção for promover a compreensão. Nas áreas de gênero e sexualidade, o diálogo, que hoje é desestimulado, melhoraria consideravelmente a vida das pessoas que sofrem com a baixa auto-estima e o ostracismo – encorajar tal diálogo parece moralmente essencial.

Amor ao próximo é um valor central em todas as religiões estadunidenses. Essas religiões nos convidam a uma análise crítica de nosso próprio egoísmo e fechamento a outras idéias, impelindo um entendimento mais inclusivo do outro. É possível amar o próximo sem saber nada sobre ele, sem enriquecer a razão com conhecimento factual e a imaginação com a narrativa. Mas não é muito provável que pessoas ignorantes direcionem seu amor de maneira prática e adequada; e a ignorância pode simplesmente ser distorcida na direção do preconceito e do ódio. Todas as universidades podem e devem contribuir para o desenvolvimento de cidadãos capazes de amar o próximo. Mas as universidades religiosas trazem essa missão de um modo especial em sua essência. E é provavelmente por razões como essas que as principais religiões fundaram universidades, acreditando que o melhor do amor é inteligente, e que a educação superior pode aumentar sua capacidade de reconhecer as diferenças. Se elas acreditam nisso, devem respeitar a atividade da mente, sua liberdade, e sua diversidade; e devem buscar um diálogo verdadeiramente civil sobre as questões mais polêmicas da diferença humana.

NOTAS

[1] Artigo originalmente publicado em Cultivating Humanity: a Classical Defense of Reform in Liberal Education. Traduzido com autorização de Harvard University Press. Nussbaum, Martha C. Socrates in the Religious University. In: Nussbaum, Martha C. **Cultivating Humanity: a classical defense of reform in liberal education.** Cambridge: Harvard University Press. 1997: pp. 257-292, Copyright©

1997 by the President and Fellows of Harvard College.
2   Minha fonte é John Armstrong, ex-aluno da UBY que atualmente está terminando seu doutorado na Universidade do Arizona.
3   Na República da Irlanda, as instituições anteriormente protestantes e católicas são todas seculares; a ansiedade acerca da religião é tão forte que o estudo da teologia católica só é permitida na Universidade de Trinity, anteriormente instituição protestante.
4   No século XIX, porém, as comunidades amish exerceram papel na criação das, hoje, chamadas universidades menonitas.
5   Recentemente, porém, o Departamento de Teologia indicou o rabino Michael Signer à cátedra Abrams de Estudos Judaicos.
6   Report of the Committee on Minority Students [Relatório do Comitê de Estudantes Minoritários], 1987.
7   Administrative Board of the U.S. Catholic Conference, *Political Responsibility* (Washington, D.C., 1995).
8   "The Mission of Brigham Young University" [A Missão da Universidade de Brigham Young], *Brigham Young University Bulletin*, 1993-94, p. 1.
9   Documentos sobre o caso de Farr são citados em Brian Kagel e Bryan Waterman, "BYU, Crisis on Campus: The Farr/Knowlton Case" [UBY, Crise no Campus: o Caso Farr/Knowlton] (manuscrito, julho de 1994).
10 Membros da UBY da Associação Americana de Professores Universitários, "Report on Issues of Academic Freedom at BYU" [Relatórios sobre Questões de Liberdade de Cátedra na UBY], 21 de março de 1996.
11 Membros da UBY da AAPU, "Report on Issues" [Relatório sobre Questões].
12 Membros da UBY da Associação Americana de Professores Universitários, "Limitations on the Academic Freedom of Women at Brigham Young University" [Limitações à Liberdade Acadêmica das Mulheres na Universidade de Brigham Young], 21 de março de 1996.
13 Veja o folheto *Understanding and Helping Those Who Have Homosexual Problems* [Entendendo e ajudando aqueles que têm problemas relativos à homossexualidade]. Salt Lake City: Igreja dos Últimos Santos dos Últimos Dias, 1992; veja também Boyd K. Packer, "The Father and The Family" [O Pai e a Família], *Ensign* 5 (1994): 19-21. Uma discussão sofisticada e interessante está em Dallin Oaks, "Same-Gender Attraction" [Atração entre o mesmo Gênero], in: *Ensign* 23 (1995): p. 7 e páginas seguintes. Veja também o *Student Review* da UBY, n. 6 (1991).

REFERÊNCIAS BIBLIOGRÁFICAS

ABBOTT, Scott. One Lord, One Faith, Two Universities: Tension between 'Religion' and 'Thought' at BYU. **Sunstone**, set. 1992, p. 15.
ARMSTRONG, John. **A Mormon Response to the Reason/Revelation**

Dichotomy. Mimeo, 1994.
ATTRIDGE, Harold. Reflections on the Mission of a Catholic University. In: HESBURGH, Theodore M. (Ed.). **The Challenge and Promise of a Catholic University**. Notre Dame: Notre Dame University Press, 1994. p. 22.
BEECHER, Maureen; ANDERSON, Lavinia (Eds.). **Sisters in Spirit:** Mormon Women in Historical and Cultural Perspective. Urbana: University of Illinois Press, 1992.
CANNON, Elaine. Mother in Heaven. In: LUDLOW, Daniel H. **Encyclopedia of Mormonism**. New York: Macmillan Publishing, 1992. p. 961.
EDITORIAL. The Death of Religious Higher Education. **First Things**, jan. 1991.
ESTADOS UNIDOS. Wisconsin v. Yoder, volume 406, página 205. 1972.
GERDES, Karen; BECK, Martha. Adult survivors of childhood sexual abuse: the case of the Mormon Women. **Affilia:** Journal of Women & Social Work, New York, pp. 39-60. 1996.
HESBURGH, Theodore. Academic Freedom. In: HESBURGH, Theodore M. **God, Country, Notre Dame:** The Autobiography of Theodore M. Hesburgh. New York: Doubleday, 1990. pp. 223-245.
HESBURGH, Theodore. **The Challenge and Promise of a Catholic University**. Notre Dame: Notre Dame University Press, 1990
JOÃO PAULO II. **Discurso à Assembléia Geral das Nações Unidas**. 5 de outubro de 1995.
LAYCOCK, Douglas. The Rights of Religious Academic Communities. **Journal of College and University Law**, n. 20, pp. 15-42, 1993.
MARSDEN, George. The Soul of the American University. **First Things**, jan. 1991.
PLANTINGA, Alvin. On Christian Scholarship. In: HESBURGH, Theodore. **The Challenge and Promise of a Catholic University**. Notre Dame: Notre Dame University Press, 1994, p. 5.
QUINN, Michael. Mormon Women Have Had the Priesthood since 1843. In: HANKS, Maxine (Ed.). **Women and Authority:** Re-emerging Mormon Feminism. Salt Lake City: Signature Books, 1992. pp. 365-409.
QUINN, Philip. Political Liberalisms and their Exclusions of the Religious. In: **Proceedings and Addresses of the American Philosophical Association**. n. 69, pp. 35-56, 1995.
QUINN, Philip. **Cultural Diversity and Catholicism in the University:** Allies or Antagonists?. Mimeo, 1994.
RICHARDS, Paul. **Satan's Foot in the Door:** Democrats at BYU. Mimeo, 1993.
STACK, Peggy. Feminist Fired by BYU for Beliefs. **Salt Lake City Tribune,** Salt Lake City, 08 jun. 1996.
SMITH, George (Ed.). **Religion, Feminism, and Freedom of Conscience:** A Mormon Humanist Dialogue. Buffalo: Prometheus Books, 1994.
SMITH, Joseph. Wentworth Letter. In: LUDLOW, Daniel H. **Encyclopedia of Mormonism**. New York: Macmillan Publishing, 1992.

WEITHMAN, Paul. Natural Law, Morality, and Sexual Complementarity. In: ESTLUND, David; NUSSBAUM, Martha C. (Eds.). **Shaping Sex, Preference, and Family:** Essays on Law and Nature. Oxford: Oxford University Press, 1997. pp. 227-246.

WILCOX, Linda. The Mormon Conception of a Mother in Heaven. In: HANKS, Maxine (Ed.). **Women and Authority:** Re-Emerging Mormon Feminism. Salt Lake City: Signature Books, 1992. pp. 3-21.

CAPÍTULO 2

Quando a verdade é posta em dúvida: liberdade de cátedra e universidades confessionais

Debora Diniz[1]

INTRODUÇÃO

"O Conflito das Faculdades" é uma obra tardia de Immanuel Kant. Nela, Kant responde às ameaças de censura do rei Frederico Guilherme II, que, por pressões eclesiásticas, publicou um edito de religião, seguido de um edito de censura. Os dois editos restringiam gravemente a liberdade de expressão filosófica, em especial sobre temas do interesse da moralidade católica. Em uma carta nada cordial, Frederico Guilherme II expressou seu descontentamento com as idéias kantianas sobre a relação entre razão e religião: "...a nossa suprema pessoa constatou já há longo tempo com grande desgosto que fazeis um mau uso da vossa filosofia para deformar e degradar as doutrinas capitais e fundamentais da Sagrada Escritura e do cristianismo..." (Kant, 1993: 11). Sem meias palavras, o rei encerrava a carta exigindo a retratação pública imediata de Kant, pois do contrário os castigos previstos pelos editos seriam aplicáveis ao filósofo.

"O Conflito das Faculdades" é a resposta de Kant ao rei. O objetivo do livro era afirmar publicamente a inexistência de dano à "religião pública do país" nas idéias contidas em "A Religião nos Limites da Simples Razão", obra mencionada pelo rei na carta de repreensão. O argumento de Kant para sustentar o caráter inofensivo de suas idéias pode ser entendido tanto como uma defesa elitista da Filosofia, quanto como uma ironia à pretensão do rei de censura: "...este é antes um livro ininteligível e ocluso para o público e representa somente uma disputa entre eruditos da Faculdade, disputa que o povo nada sabe..." (Kant, 1993: 12). As faculdades mencionadas por Kant corresponderiam a uma organização hierárquica do conhecimento científico: haveria as faculdades superiores e as inferiores. As faculdades superiores seriam aquelas em que o governo teria interesse imediato, tais como a Teologia, o Direito ou a Medicina. O conhecimento produzido por essas faculdades atingiria diretamente a população, por isso poderia ser controlado pelo rei.

Já a faculdade inferior, onde se situaria a Filosofia, seria aquela livre de qualquer interferência externa. O compromisso da faculdade inferior seria com a busca da verdade, e suas atividades, por serem inacessíveis à população, não ameaçariam a ordem pública. À Filosofia deveria ser concedido o direito absoluto de tudo poder contestar, inclusive arrogar-se "...o privilégio de, em caso de conflito sobre o sentido de uma passagem da Escritura, o determinar..." (Kant, 1993: 46). E, para Kant, o instrumento do trabalho filosófico era a razão e somente a ela se deveria recorrer em situações de conflito de interpretação. Se a organização do conhecimento em diferentes faculdades e a defesa incondicional da dúvida para uma das faculdades foi apenas uma estratégia sagaz de Kant para se livrar das conseqüências nefastas do edito, esta é uma especulação menor para uma discussão sobre as condições de possibilidade para a produção de conhecimento acadêmico nos dias atuais.[2]

Entre a reprimenda sofrida por Kant e o debate contemporâneo sobre liberdade de cátedra nas universidades, passaram-se mais de duzentos anos. O curioso é que os termos do conflito são bastante semelhantes: a relação entre conhecimento religioso e científico; a extensão da liberdade de expressão e de pensamento de pesquisadores e professores; e o interesse público no conhecimento produzido pelas universidades. A principal diferença entre o tempo de Kant e os dias atuais é que o pensamento científico não mais se subordina à monarquia e as universidades não são extensões dos monastérios. O desencantamento da vida social, segundo Max Weber, é uma précondição para o pensamento científico (Weber, 1992). O Estado brasileiro é laico, o que impossibilita expressões de censura semelhantes às do rei Frederico Guilherme II em nome da ordem pública, e a tese da liberdade de expressão como exclusiva da faculdade inferior não é mais defensável na divisão social do trabalho acadêmico. Se há uma identidade na pesquisa universitária, ela repousa na busca contínua por melhores respostas e no exercício permanente da dúvida, dois atributos que, para alguns, se confundem com a busca pela verdade, e, para outros, com o exercício do pensamento científico e acadêmico.

A liberdade de cátedra é uma norma constitucional no Brasil que garante a liberdade de ensino e pesquisa a professores, pesquisadores e estudantes (Brasil, 1988). Diferentemente de outros países democráticos e com forte tradição liberal, como é o caso dos Estados Unidos e do Canadá, o Direito Brasileiro diferencia a liberdade de cátedra de outras garantias e princípios constitucionais, como a liberdade de expressão ou de pensamento (Gillin, 2002; Dworkin, 1997). A liberdade de cátedra deve ser compreendida em harmonia com outros princípios e normas constitucionais, mas sua enunciação independente traz particularidades para o debate brasileiro. Ela é um direito específico que protege pesquisadores, professores e estudantes no exercício de suas atividades acadêmicas, ou seja, é uma norma voltada para um grupo particular de pessoas e de atividades, cujo cerne é a produção e a distribuição do conhecimento científico. Em termos mais abrangentes, a liberdade de cátedra é um dos instrumentos que promove a educação como um bem público.

A Constituição brasileira não define o conceito de liberdade de cátedra, tampouco sua extensão, limites ou aplicabilidade em diferentes instituições de ensino superior. Regra geral, o tema da liberdade de cátedra é pouco discutido no Brasil, sendo ora considerado uma extensão do debate sobre autonomia universitária, ora considerado "um direito natural" do ofício acadêmico (Diekema, 2000). A aproximação com a autonomia universitária pode ser parcialmente explicada pelos anos de ditadura militar no país, quando a principal demanda das universidades públicas era por independência administrativa frente ao poder político e econômico. O contexto político repressivo do país é uma hipótese histórica que talvez explique a aproximação da liberdade de cátedra ao tema da autonomia universitária, mas não é suficiente para responder ao porquê da manutenção do silêncio vinte anos após o fim da ditadura. A crescente privatização do ensino superior no Brasil modificou radicalmente o cenário das discussões e, hoje, a autonomia universitária está no centro da Reforma Universitária em tramitação no Congresso Nacional. Mas a liberdade de cátedra se mantém pouco estudada por cientistas sociais, cientistas políticos, filósofos e juristas no país. As poucas fontes bibliográficas são de estudantes de pós-graduação em Direito, Teologia ou Educação que, em geral, são também professores ou pesquisadores de institutos confessionais, um dado sugestivo de por onde caminha o rudimentar debate sobre liberdade de cátedra no Brasil (Ehrhahrdt, 2003; Vasselai, 2001; Alvim, 1995; Morais, 1995).[3]

Este artigo parte do pressuposto de que a liberdade de cátedra é uma das condições de possibilidade do ensino e da pesquisa nas universidades.[4] A garantia de liberdade para o ensino e a pesquisa é central para a produção e promoção do conhecimento científico. A ciência é um bem de interesse coletivo e, portanto, não pode ser alvo de censura, senão aquela justificada pelo interesse público e em situações muito particulares, pois um dos objetivos da liberdade científica é exatamente garantir a autonomia da ciência frente às pressões do Estado. O ensino superior – público, privado ou confessional – pressupõe uma liberdade incondicional de pensamento e expressão de seus representantes, isto é, de pesquisadores, professores e estudantes (Derrida, 2003; Derrida, 1999). De posse desse pressuposto, este artigo discute as tensões éticas existentes no cumprimento da norma constitucional da liberdade de cátedra por instituições de ensino superior confessionais no Brasil. A confessionalidade é uma identidade institucional prevista pela Lei de Diretrizes e Bases da Educação (LDB) que reconhece o interesse de determinadas religiões em promover ideologias específicas (Brasil, 1996). A escolha pela identidade institucional é também considerada um exercício de gestão da autonomia universitária, ou seja, a confessionalidade, além de estar de acordo com a LDB, é uma escolha de cada entidade de promover ideais específicos na educação superior (Ranieri, 2000).

Há uma extensa literatura internacional sobre esse tema, em especial em países cuja secularização do ensino é parte da agenda política, como é o caso da França, ou em países onde o ensino superior, apesar de ser considerado um bem público, é largamente administrado por entidades religiosas, como ocorre nos Estados Unidos (Menand, 1997; Baubérot, 2000). Uma questão recorrente nesse debate é sobre a intensificação das tensões éticas entre liberdade de cátedra e confessionalidade em temas relacionados à sexualidade, à reprodução, aos direitos sexuais e às ciências biológicas, em especial à controvérsia entre o criacionismo e as pesquisas com células-tronco (Nussbaum, 1997; Diekema, 2000). Este artigo partiu dessa constatação empírica de outros países, além de casos recentes no cenário nacional, para a análise das tensões éticas no universo confessional do ensino e da pesquisa no Brasil.[5] Um conjunto extenso de dados sobre as universidades confessionais brasileiras foi levantado com o objetivo de explicitar as tensões éticas entre a confessionalidade e a liberdade de cátedra. Todos os dados foram analisados à luz da pergunta "quais são as condições de possibilidade para o exercício da liberdade de cátedra sobre temas relacionados aos direitos sexuais ou reprodutivos nas universidades confessionais brasileiras?".

O seguinte conjunto de dados foi levantado durante a pesquisa: 1. documentos oficiais de universidades confessionais brasileiras, tais como missão, contrato de trabalho, regimento interno e páginas institucionais da Internet; 2. casos recentes envolvendo liberdade de cátedra e universidades confessionais; 3. distribuição de recursos do governo federal para a pesquisa por identidade institucional, isto é, se universidade pública ou confessional; 4. cursos de pós-graduação reconhecidos pela Coordenação de Aperfeiçoamento de Pessoal de Nível Superior (CAPES), além do número de discentes e docentes e áreas temáticas; 5. grupos de pesquisa cadastrados no Conselho Nacional de Desenvolvimento Científico e Tecnológico (CNPq) sobre os temas do aborto, direitos sexuais, direitos reprodutivos, feminismo, gênero, homossexualidade, mulher e sexualidade; 6. levantamento exaustivo da bibliografia sobre liberdade de cátedra produzida no Brasil. Dentre as universidades confessionais com expressão no cenário universitário de graduação e pós-graduação no país, há uma hegemonia das cristãs e, dentre elas, das universidades católicas. A diversidade de identidades cristãs não implicou em diferenças significativas nos dados, pois o tema dos direitos sexuais ou reprodutivos toca em questões centrais à moralidade cristã compartilhada por essas entidades. A análise dos dados concentrou-se nas dez maiores universidades em termos de docentes e discentes ou de investimento do governo federal para a graduação e pós-graduação.

LIBERDADE DE CÁTEDRA E LAICIDADE

A história do pensamento científico está repleta de casos de luta pela garantia da liberdade de expressão. Em geral, a tensão entre a censura e a liberdade se deu em torno de questões religiosas, um fato explicado pela própria gênese da universidade medieval intrinsecamente dependente da Igreja Católica. Mas foi somente no início do século XX que o tema da liberdade de cátedra passou a ser considerado central para a própria constituição da universidade, para a instituição das Humanidades como um campo de conhecimento científico, e para a garantia da livre expressão dos pesquisadores e professores (Dewey, 1902; Tierney, 2004). O caso francês é paradigmático para compreender esse processo por seu caráter limite: a garantia da liberdade se deu pela radical laicização do ensino e pela proibição de inclusão de perspectivas religiosas nas escolas públicas.

Ainda hoje, a França adota uma perspectiva muito original no cenário internacional para o enfrentamento da tensão entre conhecimento científico, educação e perspectivas religiosas: a educação é um bem público e como tal deve assumir uma identidade moralmente neutra em matéria religiosa (Baubérot, 2005; Pena-Ruiz, 2005). Para alguns, a solução francesa é apenas um mecanismo opressor do Estado frente à diversidade religiosa; para outros, é uma estratégia política eficiente para coibir pretensões de determinadas religiões de ascenderem ao ordenamento político da república (Estivalèzes, 2005; Renault e Touraine, 2005). A estratégia francesa é, portanto, a de não reconhecer qualquer caráter primordial ou fundador da vida social no fato religioso, ao mesmo tempo em que o identifica como um tema propício a conflitos morais insolúveis. Na busca por garantir um espaço público que possibilite *a priori* a liberdade de opinião e de pensamento, o fato religioso não compõe o currículo de escolas e universidades financiadas pelo Estado (Kintzler, 2005). O debate em torno do uso do véu por estudantes muçulmanas e a decisão de proibi-lo nas escolas públicas é, certamente, o exemplo mais recente da política francesa sobre a separação entre educação e valores religiosos (Roy, 2005).

O Brasil adota uma perspectiva diferente diante do fato religioso, a qual se encontra próxima da estadunidense. Parte-se do pressuposto da pluralidade religiosa como um dado da vida social, e o esforço político é por garantir mecanismos de tolerância no espaço público. Assim como a França, o Brasil é uma república constitucionalmente laica, mas a laicidade se expressa pela pluriconfessionalidade e não pela neutralidade confessional da estrutura básica do Estado. A pluriconfessionalidade do Estado se manifesta não apenas como um fenômeno sociológico da vida coletiva, mas pelo apoio do Estado às religiões, seja por meio de redução de tributos e isenção de impostos, seja por meio de concessão de benefícios a escolas, universidades, igrejas e templos, manifestando-se até mesmo pela ostentação de símbolos religiosos em espaços públicos (Lorea, 2005). A educação superior é um dos campos onde a pluriconfessionalidade do Estado brasileiro se evidencia: entre as trinta maiores universidades com financiamento do Conselho Nacional de Desenvolvimento Científico e Tecnológico (CNPq) para a pesquisa, vinte e sete são públicas e três são confessionais católicas (PUC/RJ, PUC/SP e PUC/RS)(CNPq, 2006). Ou seja, dentre as universidades privadas, somente as confessionais ascenderam ao patamar de centros de excelência e de competitividade por recursos públicos.

Um dos primeiros países a institucionalizar a liberdade de cátedra como uma condição para a atividade acadêmica foi os Estados Unidos, em 1915, com a "Declaração de Princípios sobre Liberdade de Cátedra e Estabilidade Universitária", editada pela Associação Americana de Professores Universitários (AAUP, 2006). Na verdade, a criação da Associação já foi uma resposta a denúncias de violação de liberdade de cátedra ocorridas em universidades estadunidenses (Menand, 1997). Nos primeiros dois anos de existência da Associação, mais de 30 casos de infração à liberdade de cátedra foram analisados (Dewey, 1902; Tierney, 2004). Uma característica da "Declaração", todavia, é a pouca clareza sobre o significado de liberdade de cátedra. A definição adotada não explicita o conteúdo do conceito, mas o define por uma circularidade em torno da idéia de que o conhecimento acadêmico caracteriza-se pela busca incessante da verdade e que essa atividade pressupõe a liberdade. Ou seja, ensinar, pesquisar e publicar são tarefas de quem persegue a verdade, e a busca da verdade pressupõe liberdade de pensamento e expressão.

Essa ambigüidade em torno do significado da liberdade de cátedra é uma característica que se mantém no debate dos anos 1990 e 2000, em especial com a intensificação do tema no cenário acadêmico internacional com as perspectivas pós-modernas e o fundamentalismo religioso (Said, 1997; Scott, 1997). Há um consenso de que a liberdade de cátedra é a condição de possibilidade para a prática acadêmica, mas qual seria a extensão dessa liberdade e quem seria a autoridade legítima para restringir a liberdade de cátedra são temas de intensa controvérsia. A versão atual da definição de liberdade de cátedra na "Declaração de Princípios sobre Liberdade de Cátedra e Estabilidade Universitária" considera possíveis "...restrições à liberdade de cátedra por objetivos religiosos ou de outra ordem do interesse da instituição, desde que claramente indicados por escrito por ocasião da contratação..." (AAUP, 2006: 1). Essa ressalva à liberdade de cátedra vem sendo alvo de intensas críticas à Associação, mas também corresponde à compreensão de pluralidade religiosa e tolerância no espaço público de uma sociedade altamente religiosa como é a estadunidense (Nussbaum, 1997).

No Brasil, a norma constitucional da liberdade de cátedra também faz uso de uma linguagem genérica e circular (Brasil, 1988). O artigo 206 da Constituição anuncia os princípios que devem guiar o ensino e um deles é o da liberdade: "O ensino será ministrado com base nos seguintes princípios: I- igualdade de condições para o acesso e permanência na escola; II- liberdade para aprender, ensinar, pesquisar e divulgar o pensamento, a arte e o saber; III- pluralismo de idéias e de concepções pedagógicas, e coexistência de instituições públicas e privadas de ensino" (Brasil, 1988). Esse caráter genérico da definição talvez tenha sido intencional por ocasião da promulgação da Constituição, pois reservava aos próprios sujeitos do direito a possibilidade de especificação futura. No entanto, dado o cenário de apatia intelectual, essa ambigüidade conceitual vem sendo estratégica para uma compreensão estreita de liberdade de cátedra, como ora subordinada à autonomia universitária, ora amparada pela Lei de Diretrizes e Bases da Educação, em uma linha argumentativa semelhante à ressalva da "Declaração" estadunidense. E mais do que isso: a compreensão de que o espaço público é pluriconfessional facilita a defesa do argumento de que é do interesse de uma determinada confissão religiosa a criação de uma universidade para a promoção de seus valores específicos, nem que isso seja feito às expensas da censura do conhecimento. Ou seja, a liberdade de cátedra passa a ser também entendida como uma garantia administrativa da universidade para determinar os rumos do ensino e da pesquisa, e não mais um princípio de defesa incondicional da liberdade de pensamento de pesquisadores, professores e estudantes (Diekema, 2000).

A tese de que a liberdade de cátedra se confunde com a autonomia universitária inclusive para restringir o ensino e a pesquisa ampara-se em duas ordens de argumentos: 1. o de que a sociedade brasileira é plural e há uma diversidade de perspectivas religiosas. O interesse de uma determinada religião no ensino superior seria o de promoção de seus valores morais específicos. O ensino superior oferecido por diferentes grupos religiosos seria, por um lado, uma extensão natural dessa diversidade e, por outro, uma demonstração saudável da tolerância democrática; 2. o de que a Lei de Diretrizes e Bases da Educação define como entidade confessional aquela destinada à promoção de valores ou ideologias religiosas específicas. Para atingir essa meta, seria necessário selecionar que ordem de conhecimento promoveria ou ameaçaria a moralidade religiosa em questão. A restrição de certos temas não representaria censura, mas simplesmente um exercício do pluralismo moral.

O que há por trás desses dois argumentos é o pressuposto filosófico da laicidade como pluriconfessionalidade e o pensamento de que o fenômeno sociológico da pluriconfessionalidade deva se expressar na educação superior. Na verdade, antes de discutir se a Lei de Diretrizes e Bases da Educação deve ou não ser considerada inconstitucional por abrir espaço para restrições à liberdade de cátedra, ou se a liberdade de cátedra do pesquisador ou professor subordina-se ou não à autonomia universitária, é preciso definir qual compreensão de laicidade fundamentará o ensino e a pesquisa universitária, seja por universidades públicas ou confessionais. No caso brasileiro, essa é uma questão particularmente desafiante, pois as universidades confessionais católicas recebem financiamentos altos do Estado para a promoção do ensino e da pesquisa. Somente para se ter uma idéia dos investimentos federais no ensino superior confessional, a Pontifícia Universidade Católica do Rio de Janeiro recebe mais investimentos em bolsas de pesquisa do Conselho Nacional de Desenvolvimento Científico e Tecnológico (CNPq) que a Fiocruz, a Universidade Federal da Bahia ou a Universidade do Estado do Rio de Janeiro, e, praticamente, o mesmo orçamento que a Universidade de Brasília. Exceto pela Universidade Federal de Pernambuco, todas as universidades públicas e estaduais do Norte-Nordeste recebem menos investimento para pesquisa do CNPq que a PUC/RJ. Dentre as trinta maiores universidades ou centros de pesquisa com financiamento de bolsas de pesquisa pelo CNPq, as PUC/RJ, PUC/SP e PUC/RS recebem mais investimentos do que seis centros públicos cruciais para o desenvolvimento científico regional ou de áreas específicas da ciência, como é o caso da Universidade Federal da Paraíba, da Universidade Federal de Goiás, da Universidade Federal de Mato Grosso do Sul, do Instituto Nacional de Pesquisas da Amazônia, do Instituto Nacional de Pesquisas Espaciais e do Instituto Nacional de Matemática Pura e Aplicada (CNPq, 2006).

E mesmo que não fosse esse o caso, o ensino superior é um bem público e, portanto, deve ser regulamentado pelo Estado a despeito dos interesses específicos das comunidades morais que sustentam as universidades. A evidência de que há alocação de recursos públicos significativos para a promoção da pesquisa em universidades confessionais deve ser um indicativo da importância de se regulamentar a liberdade de cátedra também como de interesse público, e não como da alçada exclusiva da autonomia universitária. Na ausência de um princípio compartilhado que garanta a livre troca de informações e a promoção do conhecimento, justificar restrições confessionais à liberdade de cátedra em nome da autonomia universitária implica afirmar também que o orçamento do Estado destinado à pesquisa deva se sujeitar a decisões de caráter religioso específicas de cada comunidade moral. O fato de três universidades confessionais católicas receberem cerca de 4% do orçamento total do Conselho Nacional de Desenvolvimento Científico e Tecnológico (CNPq) em bolsas de pesquisa não deve ser entendido como uma ameaça ao interesse público, desde que essas instituições compartilhem de premissas éticas fundamentais à produção e difusão do conhecimento, como é o respeito e proteção à liberdade de cátedra (CNPq, 2006).

Mas uma das formas de enfrentar a ambigüidade do conceito de liberdade de cátedra vem sendo o de aproximá-lo da liberdade de expressão e defini-lo por seu caráter específico. Esse é um mecanismo argumentativo comum em países onde a liberdade de cátedra não foi prevista constitucionalmente, como é o caso dos Estados Unidos. Apesar de filosoficamente muito próximos, liberdade de cátedra e liberdade de expressão não são sinônimos (Dworkin, 1997; Menand, 1997). Ambos pressupõem a liberdade de pensamento, sendo que a liberdade de expressão é garantida a todos os cidadãos, ao passo que a liberdade de cátedra é exclusiva de um grupo de pessoas que realiza atividades específicas. O fato de a liberdade de cátedra ser uma garantia exclusiva das pessoas envolvidas no ensino e na pesquisa sugere que há algo de singular na prática dessa comunidade e que o apelo à liberdade de expressão não seria suficiente para garantir seus direitos. Na verdade, além de proteger pesquisadores, professores e estudantes no exercício de suas atividades, a liberdade de cátedra parte do pressuposto da centralidade do conhecimento científico para o progresso social. A liberdade de cátedra, assim como a liberdade de expressão, é uma manifestação da cultura democrática, mas é, também, a garantia de um bem coletivo – a ciência livre.

Qualquer que seja a definição adotada para resumir o objeto de trabalho de pesquisadores, professores e estudantes – se a busca da verdade, a promoção da ciência ou do conhecimento – o fato é que somente "uma universidade sem condição", nos termos propostos por Jacques Derrida, seria capaz de garantir o progresso social (Derrida, 2003: 18). Indiferente a todo caráter o relativo que o conceito de verdade possa ter assumido na pós-modernidade, a universidade é o espaço em que os sujeitos que a representam fizeram profissão com a verdade, pois "...a universidade declara, promete um compromisso sem limites para com a verdade..." (Derrida, 2003: 14). Esta é a vocação da universidade: a promoção do conhecimento e o exercício contínuo da dúvida, indiferente a sua identidade institucional. Não somente a universidade deve se constituir nesse espaço de busca incondicional pelo conhecimento, como também quem está fora dela precisa dessa certeza para fazer uso dos resultados de pesquisa dos acadêmicos.

Afirmar a incondicionalidade da universidade não significa pressupor um direito absoluto à liberdade de cátedra ou mesmo que a universidade deva ser autônoma inclusive em questões legislativas ou políticas que colidam com o ordenamento jurídico vigente (Sampaio, 2001). O caráter incondicional da universidade significa o reconhecimento de que os únicos limites ao exercício da dúvida são aqueles impostos pela razoabilidade do sistema constitucional e não aqueles reclamados por comunidades morais específicas. Isso não significa entender liberdade de cátedra como o princípio niilista do *tudo vale* (Feyerabend, 1988). Sempre haverá restrições à liberdade acadêmica, mas essas são definidas pela razão pública, por acordos constitucionais e não por moralidades específicas. Uma saída possível para a promoção da identidade pluriconfessional da sociedade brasileira no ensino superior é entender a identidade confessional como um acréscimo à pesquisa científica laica, mas não como uma razão para a exclusão de temas e perspectivas.

Foi em defesa da universidade como o espaço para a inclusão de diferentes perspectivas que Edward Said sugeriu que o modelo da liberdade acadêmica deveria ser o do viajante ou do migrante, uma metáfora do movimento intelectual de abertura a novos horizontes e de constantes deslocamentos do pensamento (Said, 1997). A imagem do viajante é a que se contrapõe à imagem tradicional do acadêmico como representante da autoridade e do poder. Mas a principal diferença entre o acadêmico-viajante e o acadêmico-potentado é que o viajante aposta na inclusão permanente de novas perspectivas, ao passo que o potentado "...precisa guardar somente um lugar e defender suas fronteiras..." (Said, 1997; 2003: 207). Nesse movimento contínuo de busca de novas perspectivas e idéias, "...o conceito de liberdade em relação à academia não deveria levar a falar de exclusão, mas de inclusão, e a universidade não deve ser o lugar onde muitas investigações intelectuais vigorosas sejam proibidas, mas, sim, onde são estimuladas, numa frente a mais ampla possível..." (Said, 1997; 2003: 194). E é nessa tensão entre viajantes e potentados que a ambigüidade da liberdade de cátedra se expressa nas universidades confessionais brasileiras: admira-se a liberdade dos viajantes, mas a estrutura confessional não prescinde dos potentados.

O ENSINO SUPERIOR CONFESSIONAL NO BRASIL

As universidades de confissão católica existem no Brasil desde meados dos anos 1940, sendo a Universidade de Louvain a primeira universidade católica moderna (Antoniazzi, 1992; Alvim, 1995). Segundo o Conselho Episcopal Latino-Americano (CELAM), a criação das universidades católicas na América Latina teve por objetivo a institucionalização de espaços alternativos à crescente secularização do ensino superior, em especial com a retirada da Teologia dos currículos universitários: "...na época moderna, o espírito leigo deu origem à separação entre as Ciências Humanas e a Teologia...em vista dessa nova circunstância histórica, a Igreja se viu solicitada a criar as Universidades Católicas." (CELAM, 1968: 15). Essa justificativa institucional para a criação das universidades católicas é um ponto de partida interessante para entender como se estruturam essas universidades e como se promove a liberdade de cátedra sobre temas que não correspondem ao ideal de crítica à secularização do pensamento, mas, ao contrário, podem representar ameaças à doutrina católica. Segundo dados do Instituto Nacional de Estudos e Pesquisas Educacionais Anísio Teixeira, são 102 instituições de ensino superior confessionais no país, com um corpo de 24.261 professores e 372.480 estudantes (Brasil, 2004). Levando em conta os dados da Associação Brasileira de Escolas Superiores Católicas, pelo menos 50% dessas entidades são de confissão católica (ABESC, 2006).

A Lei de Diretrizes e Bases da Educação (LDB) define como instituições privadas confessionais de ensino aquelas que atendem a uma orientação confessional e ideológica específica, ou seja, são universidades que, além de oferecer o ensino corrente para determinada carreira, agregam motivações e valores religiosos específicos (Brasil, 1988). Esse dispositivo da LDB pode ser entendido de pelo menos duas maneiras distintas: 1. como a possibilidade de que comunidades morais específicas criem seus *espaços de expressão democrática*. Em termos curriculares, isso significaria, por exemplo, a possibilidade de inclusão de Teologia Católica nos currículos de diferentes carreiras ou a inclusão de abordagens cristãs nos conteúdos tradicionalmente discutidos pelas universidades laicas; 2. como a possibilidade de que comunidades morais específicas criem seus *espaços de resistência moral*. Em termos curriculares, isso significaria, por exemplo, a não-inclusão de questões teóricas ou empíricas que colidissem com a moralidade confessional ou mesmo a censura de certos temas no ensino, na pesquisa ou na extensão, como são as questões relacionadas aos direitos sexuais e reprodutivos tradicionalmente provocantes à moralidade cristã.

De acordo com a primeira interpretação, a identidade confessional universitária seria uma expressão democrática que não representaria ameaça à ordem pública de um Estado laico. A liberdade de cátedra seria garantida na sua forma mais abrangente: reconhece-se o direito e a legitimidade de uma comunidade moral específica de promover suas crenças privadas no ensino superior, mas também se protege uma ampla de gama de perspectivas disciplinares, desde as laicas até as religiosas. Essa interpretação poderia ser denominada *confessionalidade democrática*. Mas, de acordo com a segunda interpretação, a identidade confessional universitária seria um fórum de resistência moral, ou seja, a universidade se converteria em um espaço privilegiado para formar lideranças da comunidade religiosa, para promover uma determinada moralidade religiosa ou mesmo para coibir perspectivas e valores discordantes de uma confissão. Nesse caso, a liberdade de cátedra seria não apenas reduzida a uma peça missionária, mas também ameaçaria a ordem pública de um Estado laico, pois impediria que futuros representantes da estrutura básica acessassem a mais ampla variedade de informações e perspectivas sobre a realidade social. Essa interpretação poderia ser denominada *confessionalidade missionária*.

É possível imaginar situações cotidianas da vida universitária que representem as duas identidades confessionais. Segundo dados do Instituto Nacional de Estudos e Pesquisas Educacionais Anísio Teixeira (INEP), dentre as dez maiores universidades brasileiras em número de estudantes na graduação presencial, três são confessionais (Universidade Luterana do Brasil, Pontifícia Universidade Católica de Minas Gerais e Universidade do Vale do Rio dos Sinos), atendendo a um total de 109.681 estudantes (Brasil, 2003). Nesse cenário, é razoável considerar que 109.681 estudantes de graduação tenham a oportunidade de conhecer a história das religiões, a doutrina cristã sobre determinado assunto ou mesmo participar de atividades comunitárias de evangelização. Além de se preparar para carreiras específicas, os estudantes poderiam se aproximar de perspectivas inexistentes no ensino laico. Mas outra hipótese possível é a de que 109.681 estudantes sejam constrangidos ou mesmo impedidos de ter acesso a perspectivas diferentes das consideradas verdadeiras para a confessionalidade da universidade. Esse constrangimento moral à liberdade de cátedra pode ser resultado de ações institucionais deliberadas de proibição de certos temas ou de autocensura de pesquisadores, professores e estudantes.

Exceto pelo caso de minha demissão da Universidade Católica de Brasília, o qual foi extensamente discutido por entidades internacionais de defesa da liberdade de cátedra e que está em trâmite na Justiça brasileira, as evidências de ensino e pesquisa no campo dos direitos sexuais e reprodutivos sugerem que há algo de singular no contexto das universidades confessionais que não favorece a inclusão desses temas na agenda acadêmica, mas que não se caracterizaria como censura aberta contra pesquisadores, professores e estudantes (Baxter, 2003).[6] Dentre todos os grupos de pesquisa do Conselho Nacional de Desenvolvimento Científico e Tecnológico (CNPq), de todas as áreas do conhecimento, não há nenhum registrado por entidades confessionais com as categorias aborto, direitos sexuais, direitos reprodutivos, homossexualidade e sexualidade (CNPq, 2006). Essa ausência pode ser explicada por três hipóteses: 1. uma distribuição espontânea do mercado de trabalho; 2. por uma restrição institucional a esses temas; ou 3. por autocensura de pesquisadores, professores e estudantes à inclusão desses temas na agenda de pesquisa. A primeira hipótese é a menos provável, dada a restrição de mercado de trabalho nas universidades públicas para os jovens doutores e a crescente oferta de postos em universidades privadas, sendo as confessionais católicas, dentre essas, as mais competitivas, especialmente pela solidez da pósgraduação com reconhecimento da Coordenação de Aperfeiçoamento de Pessoal de Nível Superior (CAPES). Segundo dados do Censo CAPES de 2003, são 120 os programas de mestrado e doutorado reconhecidos em universidades confessionais, todas elas de missão cristã, sendo 85% delas católicas (CAPES, 2003).

A hipótese da restrição institucional a temas que colidam com a moralidade confessional é de difícil comprovação fática, pois sua explicitação evidenciaria atos de censura à liberdade de cátedra. Da mesma maneira, para se avaliar a hipótese da autocensura, exigiriam-se entrevistas em profundidade com um extenso grupo de pesquisadores, professores e estudantes dessas instituições para conhecer suas motivações. No entanto, partindo-se do pressuposto de que o tema dos direitos sexuais e reprodutivos está na agenda nacional e internacional de pesquisa e de que há tanto financiamentos disponíveis para o tema quanto uma imensa demanda política em torno dessas questões, é razoável imaginar que, dentro de um universo de 24.261 docentes de universidades confessionais, ao menos alguns demonstrem interesse em conduzir pesquisas sobre o tema registrando grupos no Conselho Nacional de Desenvolvimento Científico e Tecnológico (CNPq) (Brasil, 2004). Mas dada a restrição metodológica para avaliar as duas hipóteses por meio de casos reais de censura ou por meio de um estudo qualitativo das motivações, o levantamento de documentos oficiais das instituições – tais como missão, estatutos e contratos de trabalho – oferece uma pista importante sobre como o ordenamento institucional de muitas universidades confessionais deixa um espaço aberto para a censura prévia ou mesmo favorece a autocensura.

A análise dos documentos institucionais das universidades confessionais brasileiras aponta para um triplo fenômeno: 1. a compreensão da identidade institucional é de confessionalidade missionária; 2. a liberdade de cátedra é uma garantia não só de pesquisadores, professores e estudantes, mas também da administração da universidade, confundindo-se com o exercício da autonomia universitária; e 3. a ambigüidade do conceito de liberdade de cátedra favorece a emergência da confessionalidade missionária. Esses três fenômenos foram identificados em quase todas as universidades analisadas, havendo uma intensificação do caráter de confessionalidade missionária em algumas universidades católicas ou protestantes de menor porte (como é o caso da Universidade Católica de Goiás e da Universidade Metodista de Piracicaba) e uma maior aproximação da confessionalidade democrática por algumas universidades protestantes de maior porte ou localizadas em grandes centros urbanos (como é o caso da Universidade Presbiteriana Mackenzie de São Paulo). Diferentemente das universidades católicas – onde o caráter confessional é marcadamente de confessionalidade missionária – as universidades protestantes apresentam uma maior diversidade de posições, sendo o sentido da confessionalidade um tema de intensa controvérsia. Osvaldo Hack, ex-chanceler da Universidade Presbiteriana Mackenzie, discutiu o sentido da confessionalidade para as universidades protestantes no Brasil: um movimento que oscila entre a evangelização e o abandono da confessionalidade por considerá-la incompatível com a universidade (Hack, 2003).

O documento mais representativo para a análise do caráter confessional de uma universidade é a missão. Nela, as universidades descrevem como compreendem sua atividade acadêmica e a relação desta com a identidade confessional. No caso das universidades católicas, a missão é uma espécie de tradução do "Ex Corde Ecclesiae", de autoria do Papa João Paulo II, dita como a constituição para o ensino superior católico (João Paulo II, 1990). A tal ponto esse documento foi considerado um indicador de rumos para a moralidade cristã, que outras universidades confessionais referem-se a ele como fonte de inspiração para suas missões (Diekema, 2000). O objetivo do documento papal foi, além de definir o significado da identidade católica para a universidade, estabelecer normas gerais de administração, autonomia, liberdade de cátedra e relacionamento com a diocese. "Ex Corde Ecclesiae" é considerado uma regulamentação tardia do capítulo sobre as universidades católicas discutidas do Concílio Vaticano II, em que as questões relacionadas à autonomia e à liberdade foram genericamente descritas como "...A Igreja...esforça-se...para que as disciplinas todas sejam cultivadas com princípios próprios, com métodos próprios e com liberdade própria de pesquisa científica..." (Vaticano, 1966: 588). O significado do conceito de "liberdade própria", no entanto, não foi especificado nos Documentos do Vaticano II.

A abertura do "Ex Corde Ecclesiae" é uma apologia da liberdade para as universidades católicas: "...a universidade católica compartilha com as outras universidades aquele *gaudium de veritate*, tão caro a Sto. Agostinho, isto é, a alegria de procurar a verdade, de descobri-la e de comunicá-la em todos os campos do conhecimento..." (João Paulo II, 1990: 1). Mas o que define a liberdade para a universidade católica não é a eterna dúvida ou o pensamento inquieto, mas é a certeza de "conhecer já a fonte da verdade" e de poder aproximar religião e ciência – um movimento intelectual cada vez mais raro nas universidades laicas (João Paulo II, 1990: 1). A liberdade de cátedra e a autonomia universitária, segundo o "Ex Corde Ecclesiae", devem ser garantias institucionais para proteger uma universidade católica frente à hegemonia laica da ciência, antes mesmo que prerrogativas para a proteção da ciência ou de seus pesquisadores, professores e estudantes. O que há por trás dessa redescrição cristã dos conceitos de liberdade de cátedra e de autonomia universitária é que a verdade não é mais o resultado da pesquisa científica, mas o ponto de partida das atividades acadêmicas em uma universidade católica.

É possível entender a liberdade de cátedra sob duas perspectivas a partir da definição da missão da universidade católica, segundo o "Ex Corde Ecclesiae". A primeira perspectiva é como a defesa do exercício democrático de aproximar ciência e religião, em uma clara expressão da confessionalidade democrática: assim como se estuda o evolucionismo, se estuda o criacionismo; assim como se estuda o debate liberal sobre diversidade sexual, se estuda a perspectiva católica da homossexualidade como "grave depravação" ou como "pecado contrário à castidade", e assim por diante (Ratzinger, 2006: 02). Mas a segunda perspectiva, a da confessionalidade missionária, também possível de se fundamentar no documento papal, restringiria o horizonte de perspectivas científicas às de acordo com a moral cristã. Para uma universidade ser católica, afirma o documento, há algumas premissas éticas inegociáveis e uma delas é "...a fidelidade à mensagem cristã tal como é apresentada pela Igreja..." (João Paulo II, 1990: 6). O resultado dessa premissa é que "...uma investigação metódica, em todo o campo do saber, se conduzida de modo verdadeiramente científico e segundo as leis morais, nunca pode encontrar-se em contraste objetivo com a fé..." (João Paulo II, 1990: 7). Por essa segunda perspectiva, a identidade confessional não é um complemento à pesquisa científica, mas é definidora dos rumos da ciência e da prática acadêmica: em última instância, é a dogmática católica quem define e avalia a pesquisa científica. Só haveria pesquisa idônea se pautada por valores cristãos, um pressuposto moral que inibiria o exercício da liberdade científica.

A contratação de professores e de técnicos administrativos de uma universidade católica foram procedimentos também discutidos pelo "Ex Corde Ecclesiae", pois "...no momento da nomeação, todos os professores e todo o pessoal administrativo deve ser informado da identidade católica da Instituição e das suas implicações, bem como da sua responsabilidade em promover ou, ao menos, respeitar tal identidade..." (João Paulo II, 1990: 21).[7] O documento prevê ainda que professores não-católicos devam ser minoria na instituição, a fim de que não se ponha "em perigo" a identidade institucional. Esse zelo administrativo, no entanto, não se estende aos estudantes: o documento não prevê que os estudantes sejam esclarecidos sobre o significado da identidade confessional da instituição, suas implicações para o ensino e a pesquisa, tampouco sobre o dever de respeitar a confessionalidade. Uma das explicações para essa exclusão deliberada dos estudantes é de caráter financeiro, uma vez que somente 2% dos estudantes buscam a universidade por motivações religiosas, segundo pesquisa da Pontifícia Universidade Católica de Minas Gerais (Antoniazzi, 1992). Isso significa que a absoluta maioria dos 36.903 estudantes da PUC/MG ou não se identifica como católicos ou não busca a universidade por sua identidade confessional e, certamente, exigir deles o respeito à identidade confessional poderia representar um desestímulo à matrícula em um mercado altamente competitivo de universidades privadas. Segundo dados do Instituto Nacional de Estudos e Pesquisas Educacionais Anísio Teixeira (INEP), 95% da receita da PUC/MG é oriunda de mensalidades que oscilam entre R$ 513,00 no curso de Letras e R$ 1.179,00 no curso de Medicina Veterinária, por exemplo (Brasil, 2004).[8] Ou seja, restrições confessionais à matrícula de estudantes não-católicos podem representar graves riscos financeiros à universidade.

Foi sob a inspiração do "Ex Corde Ecclesiae" que a Universidade Católica de Goiás reformulou seu estatuto em 2003 (UCG, 2004). A UCG conta com 1.875 professores, 26.800 estudantes, 38 cursos de graduação e 36 cursos de pós-graduação, sendo que 6 programas de pós-graduação possuem reconhecimento da Coordenação de Aperfeiçoamento de Pessoal de Nível Superior (CAPES), recebendo, conseqüentemente, financiamento público (UCG, 2004). O artigo 2º do estatuto apresenta a missão institucional: "...A UCG, como universidade católica, deve distinguir-se pela fidelidade à doutrina e às determinações da Igreja..." (UCG, 2004: 9), uma regulamentação estatutária traduzida pelo reitor Wolmir Therezio Amado, também presidente da Associação Brasileira de Escolas Superiores Católicas (ABESC), como "...ser católica, para a universidade, não é um mero adjetivo. É uma questão de identidade institucional. Há toda uma postura, uma visão articulada de valores, um modo específico de construir ciência, uma concepção da própria vida, da pessoa humana, da história, da educação e da sociedade. É sob este referencial que a Universidade Católica constrói sua autonomia e exerce sua liberdade acadêmica..." (Amado, 2004: 1).[9] Sob esse raciocínio, o professor se veria reduzido à figura mecanicista de porta-voz dos dogmas e da missão confessional da universidade, o que reduziria a liberdade de cátedra a uma garantia meramente institucional de proteção da confessionalidade. Nos termos do estatuto e das palavras do reitor da UCG, autonomia universitária é o que garante a missão confessional e esta, por sua vez, determina os termos do ensino e da pesquisa.

Uma autêntica pesquisa científica não pode antever a harmonia ou a subordinação às leis morais cristãs, especialmente no caso de pesquisas sobre temas que tocam em dogmas religiosos, como é o caso do aborto ou da homossexualidade. Um professor de Ciência Política de uma universidade confessional católica que procura analisar o debate legislativo brasileiro motivado pela busca da garantia de direitos previdenciários a casais homossexuais se vê constrangido a subordinar suas hipóteses liberais à dogmática cristã da homossexualidade como uma "grave depravação" e, portanto, como uma demanda não legítima para a democracia. Esse professor teria, basicamente, três opções para seu projeto de pesquisa: 1. ignorar a identidade confessional da instituição e apostar na soberania da liberdade de cátedra; 2. convencer seus superiores administrativos da importância da pesquisa para os rumos da pesquisa na universidade ou 3. impor-se uma censura pelo risco de demissão. Muito embora a hipótese mais plausível seja a terceira, as duas primeiras hipóteses envolvem um paradoxo que tornam quase que impossível sua concretização.

Consideremos que o professor ou aposte na soberania da liberdade de cátedra ou consiga convencer seus superiores administrativos sobre a importância da temática e siga em frente com sua pesquisa. Quanto mais bem sucedida for a investigação, maiores as chances de seu emprego estar em risco, pois os resultados de sua pesquisa se tornarão cada vez mais públicos e sairão dos muros da universidade. Por determinação do "Ex Corde Ecclesiae", as universidades católicas são subordinadas ao Bispo, portanto, a concordância administrativa da instituição não é suficiente para garantir a liberdade de cátedra de um pesquisador ou professor, pois "...cada Bispo tem a responsabilidade de promover o bom andamento das Universidades Católicas na sua diocese e tem o direito e o dever de vigiar sobre a preservação e o incremento do seu caráter católico..." (João Paulo II, 1990: 22). No exemplo acima, não há como se preservar e incrementar o caráter católico da instituição e, simultaneamente, apoiar uma pesquisa cujos resultados são discordantes da dogmática católica sobre a homo sexualidade. Na verdade, o pesquisador do exemplo se veria em uma encruzilhada: de um lado, levar adiante suas convicções teóricas e políticas, além de seu compromisso científico com a verdade, e, de outro, a autocensura imposta pela vulnerabilidade de seu cargo como professor de uma instituição privada de ensino.

A subordinação da autonomia universitária à diocese é uma previsão estatutária também de organizações internacionais de universidades católicas. As universidades católicas organizam-se em uma federação, cujo objetivo é promover o avanço do conhecimento científico à luz da fé cristã (IFCU, 2000: 01). O Estatuto da Federação Internacional das Universidades Católicas, ao enumerar os critérios necessários para que uma universidade católica faça parte da rede, reproduz alguns princípios-chave do "Ex Corde Ecclesiae", mas é ainda mais explícito no que se refere ao gerenciamento da Igreja sobre os rumos da universidade: "...fidelidade à mensagem cristã tal como ela chega a nós pela Igreja..."(IFCU, 2000: 02). Para que uma universidade se mantenha fiel à doutrina católica, é preciso que seus representantes compartilhem da supremacia da lealdade moral frente à liberdade de cátedra, uma exigência estatutária nada simples de ser concretizada em temas que colidam a moralidade cristã. Entre a vigilância prevista pelo "Ex Corde Ecclesiae" e a fidelidade afirmada pela Federação, há apenas uma diferença de intensidade da subordinação à moralidade católica para a universidade. Vigilância e fidelidade à doutrina católica são dois compromissos que circunscrevem os limites morais do ensino, da pesquisa e da extensão em uma universidade católica.

Com o intuito de defender a legitimidade da identidade confessional missionária das universidades cristãs, Anthony Diekema sustenta a tese de que é impossível não haver restrições ao pensamento científico, pois toda pesquisa implica um recorte do real, bem como preferências temáticas, teóricas ou políticas do pesquisador. Diekema foi reitor de uma universidade calvinista por mais de 20 anos e o livro "Liberdade de Cátedra e Pesquisa Cristã" resume sua experiência administrativa com o tema da liberdade de cátedra e da autonomia universitária (Diekema, 2000). O argumento de Diekema é razoavelmente simples e com forte inspiração pós-moderna: todo pesquisador é um sujeito moralizado e, por isso, dependente de uma visão de mundo. Essa visão de mundo pode ser liberal, conservadora ou cristã. Ou seja, assim como o professor de Ciência Política do exemplo é um liberal, com espaço para suas pesquisas em universidades liberais, um outro professor com visão de mundo conservadora sobre a homossexualidade teria espaço em uma outra universidade, talvez em uma universidade cristã. A estratégia de Diekema é sagaz: reconhece o caráter histórico de qualquer atividade humana, dentre elas a pesquisa científica, para considerar como equivalentes todas as visões de mundo e seu papel restritivo na prática acadêmica. A conclusão é que, por não haver liberdade absoluta dada a condição humana de moralização, todo exercício de liberdade de cátedra é dependente de uma visão de mundo pessoal ou institucional (Diekema, 2000: 81). Um bom pesquisador ou professor seria aquele que sintonizaria sua visão de mundo com a da universidade.

Diekema parte, todavia, de um pressuposto ético equivocado. Nem todas as visões de mundo são equivalentes, por pelo menos duas razões: 1. a cultura de direitos humanos que fundamenta nosso ordenamento jurídico público reconhece algumas visões de mundo como razoáveis e outras não; e 2. algumas visões de mundo, apesar de razoáveis, não se prestam à contestação científica, como é o caso dos dogmas religiosos (Rawls, 2000; Rorty, 1997). O argumento de Diekema ignora o fato de que o cristianismo não é simplesmente uma visão de mundo, mas uma narrativa que instaura e explica a vida social. Ao contrário de teses liberais sobre a homossexualidade, continuamente sujeitas a controvérsias públicas e abertas, as teses católicas sobre a homossexualidade como "grave depravação" fazem parte de um corpo dogmático refratário à revisão inclusive por teólogos católicos não diretamente autorizados pelo Vaticano. Não é à toa que Martha Nussbaum, ao comparar o exercício da liberdade de cátedra entre duas universidades confessionais cristãs, afirmou que "...o tema do homossexualismo é a causa das mais amargas divisões institucionais..." (2001: 307). Uma visão de mundo não é equivalente a um dogma, pois a condição da primeira é sua transitoriedade, plasticidade e submissão à dúvida, ao passo que o dogma deve resistir à mudança. Ou, nos termos metafóricos de Said, o pesquisador movido por uma visão de mundo seria o imigrante ou viajante, ao passo que o pesquisador dogmático se aproximaria do potentado (Said, 1997).

Uma outra conseqüência do argumento relativista de Diekema é que as universidades se converteriam em monadas e não mais professariam o espírito de busca incondicional pela verdade sugerido por Derrida (Derrida, 2003). Uma suspeita relativista também recairia sobre os resultados das pesquisas científicas, pois os próprios fundamentos da universidade teriam sido ameaçados. Uma universidade confessional ou laica é uma expressão da cultura democrática e é em termos da cultura democrática que ela deve ser protegida. A universidade precisa garantir a expressão plural e razoável de argumentos e não simplesmente buscar garantias institucionais que a protejam como um espaço paroquial de defesa de dogmas sob a alegação relativista de que todas as idéias são expressões de visões de mundo e, portanto, igualmente legítimas para o debate. Assim como não é possível a liberdade absoluta, o relativismo absoluto é, por sua vez, intolerável. O argumento a que Diekema e outros defensores da confessionalidade missionária resistem é o de que os limites éticos à liberdade de cátedra são somente aqueles determinados pelo ordenamento constitucional e pelo *ethos* científico, e não também aqueles frutos da censura confessional. Mas o paradoxo da argumentação relativista de Diekema é ainda mais profundo: assume-se o espírito relativista como fundamento para a confessionalidade missionária, mas ignora-se o relativismo como instrumento metodológico de pesquisa em temas que ameacem a dogmática religiosa.

Pesquisadores, professores e estudantes não precisam ser amigos morais para garantir a razoabilidade argumentativa que caracteriza o pensamento científico, precisam apenas estar de acordo com os termos do diálogo (Engelhardt, 1998) É possível que em um mesmo departamento de Filosofia, de uma universidade confessional ou laica, existam professores liberais e conservadores em matéria de aborto. Mas se ambos estiverem de acordo nos termos do contrato acadêmico – busca pelas melhores respostas, compromisso com a pesquisa científica e exercício permanente da dúvida – a universidade se manterá como o espaço democrático da pluralidade razoável. O debate razoável de argumentos é o melhor instrumento que a ciência desenvolveu não apenas para a promoção de idéias e a refutação de teorias, mas também para o julgamento de quais argumentos são melhores que outros para o progresso do pensamento acadêmico. A comunidade científica possui inúmeros instrumentos de julgamento da prática científica e nem todas as idéias ascendem ao patamar de argumentos legítimos. Nesse sentido, a falácia relativista do *tudo vale* não encontra espaço na comunidade científica, onde os critérios de elegibilidade para a comunicação científica são cada vez mais específicos para cada comunidade de pesquisadores.

A única harmonia ética possível de ser antevista por uma pesquisa científica é com o ordenamento constitucional de uma democracia: nenhuma pesquisa científica aceitável faz uso de meios ou apresenta resultados que desconsiderem o ordenamento jurídico ou infrinjam direitos fundamentais. Esse condicionamento da eticidade da pesquisa ao ordenamento jurídico vigente não é o mesmo que a subordinação à confessionalidade de cada universidade. A pluriconfessionalidade da sociedade brasileira reconhece como legítimo o interesse de determinadas comunidades morais de constituírem universidades para promover a ciência e seus valores morais, mas isso não significa que o Estado tenha reconhecido em pé de igualdade os princípios constitucionais e os valores religiosos de uma comunidade moral para a promoção da ciência. Situações de conflito democrático são mediadas por valores democráticos acordados publicamente e resultantes do consenso sobreposto da sociedade. E a garantia da ciência livre é um dos objetos desse acordo.

CONSIDERAÇÕES FINAIS

John Dewey foi o primeiro presidente da Associação Americana de Professores Universitários, em um momento político delicado para o debate sobre liberdade de cátedra nos Estados Unidos. Foi no início do século XX que as universidades passaram a se organizar em departamentos específicos, que se dividiu a carreira acadêmica entre ensino e pesquisa e que se afirmou definitivamente a secularização da pesquisa científica. Esse novo ordenamento das universidades provocou intensas controvérsias entre professores e administradores, levando vários professores a serem demitidos ou forçados a reconsiderar suas afirmações de pesquisa para se manterem nos empregos (Tierney, 2004). No pronunciamento de posse na Associação, Dewey reforçou a centralidade da liberdade de cátedra para a promoção da ciência, mas especialmente o quanto essa era uma garantia ética necessária à consolidação das Humanidades nas universidades (Dewey, 1976).

Os temas de pesquisa e ensino das Ciências Humanas são especialmente controversos e não é por acaso que grande parte dos casos envolvendo violações de liberdade de cátedra se origine das Humanidades. Os dissensos teóricos e argumentativos da Engenharia não provocam valores morais estabelecidos e com raras exceções provocariam incômodos em dogmas religiosos, como uma pesquisa sobre aborto ou homossexualidade. A liberdade de cátedra é um princípio ético simultaneamente vigoroso e frágil nas Ciências Humanas, onde os resultados de pesquisa provocam diretamente o ordenamento social, político ou simbólico. A ambigüidade da liberdade de cátedra nas Humanidades é ainda intensificada por uma compreensão estreita da prática acadêmica, em que algumas áreas gozam de maior status na moralidade científica vigente que outras. A fronteira entre o senso comum e o conhecimento acadêmico é mais facilmente ultrapassada nas Humanidades que em outras áreas do conhecimento.

Mas a defesa da incondicionalidade da liberdade de cátedra para o progresso científico não pressupõe o revigoramento de valores positivistas clássicos como definidores da prática científica em oposição à metafísica religiosa. Não é preciso que a ciência seja desinteressada, neutra ou objetiva para que haja resultados confiáveis e legítimos para o debate social e político das pesquisas. A confiabilidade e a legitimidade do discurso científico para nosso ordenamento social são garantidas pela liberdade de expressão e pensamento de seus praticantes: é a aposta na liberdade do pensamento científico que torna a ciência tão poderosa para o debate público. Pesquisadores, professores e estudantes precisam ser livres para pensar, estudar e divulgar suas idéias, pois é somente em um ambiente da liberdade como um valor público que a missão da universidade como um espaço de profissão com a verdade pode florescer.

Para esse exercício rico e desafiante de promoção e proteção da liberdade de cátedra, a confessionalidade ou qualquer outra identidade institucional precisa ser entendida como um atributo complementar ao conhecimento corrente das comunidades científicas. Em termos gramaticais, a identidade confessional de uma instituição é um adjetivo para a ciência, mas jamais um substantivo. É um valor que se agrega ao conhecimento, mas que não lhe concede caráter substantivo. Não há biologia católica, assim como não há matemática espírita ou física budista. O que há são debates intensos entre perspectivas laicas e religiosas sobre temas centrais à vida social. Mas nesse debate intenso, uma regra não pode ser violada: julgamentos de valor ou preferências morais não podem restringir a troca livre de idéias entre pesquisadores, professores e estudantes.

Há 200 anos, Kant se livrou dos editos de censura do rei Frederico Guilherme II defendendo o caráter inacessível de seus escritos (Kant, 1993). Não haveria ameaça à ordem pública simplesmente porque o povo não entenderia suas idéias – esse foi seu argumento de defesa. Talvez nem o rei tenha entendido onde a razão kantiana ameaçava a metafísica cristã. Mas o fato de a Igreja Católica considerar-se ameaçada pelos escritos de Kant aos 71 anos de idade foi suficiente para as ameaças do rei. Kant sobreviveu à censura, mas antes teve que se justificar publicamente. A saída de Kant foi a de não enfrentar diretamente o objeto da censura, mas comprovar sua inocência por uma defesa incondicional da liberdade para o progresso do conhecimento filosófico. Assim como a Filosofia, todos os campos do conhecimento pressupõem a liberdade de cátedra para a eleição de melhores perguntas, para a troca razoável de idéias e para continuamente buscar a verdade sem limites.

NOTAS

[1] Os dados levantados para este artigo exigiram uma equipe treinada e dedicada de pesquisadoras. Em especial agradeço a Fabiana Paranhos, Flávia Squinca, Gracielle Ribeiro, Kátia Soares Braga e Samantha Buglione o levantamento, organização e discussão das evidências e a Arryanne Queiroz, Cristiano Guedes, Diaulas Ribeiro, Letícia Naves, Flávia Squinca, Lívia Pereira e Marcelo Medeiros a leitura atenta e crítica. Os dados relativos às universidades confessionais que não estavam disponíveis no Instituto Nacional de Estudos e Pesquisas Educacionais Anísio Teixeira foram gentilmente levantados pelo Ministério da Educação.

[2] Conhecimento científico e conhecimento acadêmico serão utilizados como sinônimos. O debate pós-moderno sobre o status do conhecimento e sobre o caráter relativo da verdade extrapola os limites deste artigo, pois se refere a um momento posterior ao da garantia da liberdade de expressão acadêmica. Pesquisadores, professores e estudantes modernos ou pós-modernos necessitam que suas idéias sejam protegidas da censura prévia, e é sobre essa condição de possibilidade para a prática científica que este artigo discute.

[3] Vide o capítulo de Kátia Soares Braga neste livro sobre as referências bibliográficas em Língua Portuguesa publicadas no Brasil.

[4] Será utilizado o conceito de universidade como representativo de todo o ensino superior, por ser a entidade que melhor representa as três dimensões do ensino superior previstas pela Constituição – o ensino, a pesquisa e a extensão. No entanto,

muitas das entidades confessionais não se constituem em universidades, mas em faculdades ou centros de ensino superior.

[5] Em 2002, fui demitida da Universidade Católica de Brasília. A demissão foi oficializada como sem justa causa, muito embora o rumor dentro e fora do campus foi o de que ela se justificava por minhas pesquisas no campo do aborto. A demissão teve uma enorme repercussão internacional e foi notificada no "Diretório de Cientistas, Engenheiros e Profissionais de Saúde Perseguidos" (Baxter, 2003).

[6] Em 2006, com a crise financeira das Pontifícias Universidades Católicas no Brasil, o rumor de que as demissões de docentes teriam preferencialmente motivações políticas está na pauta de negociações trabalhistas. Caso esse rumor se comprove, o que parece bastante provável, a hipótese da censura explícita poderá ser analisada a partir desse grupo de pesquisadores e professores, dado o número significativo de demissões que ocorreram.

[7] No documento, o respeito à identidade católica da universidade não deve ser entendido simplesmente como um apelo à tolerância moral. Segundo Norberto Bobbio, "...em toda a tradição da doutrina da Igreja, o termo "tolerância" é entendido em sentido limitativo, como "aceitação", por razões de convivência prática, de um erro. Ao passo que respeito é dirigido àquilo que se considera um bem, a tolerância é exercida perante aquilo que se considera um mal, mas que por razões de prudência não se impede, ainda que se possa impedir... " (Bobbio, 2002: 150). O "Ex Corde Ecclesiae" refere-se em diferentes passagens à necessidade de respeito à identidade confessional da universidade por professores não-católicos.

[8] Valores de março de 2006.

[9] Segundo dados da ABESC, os institutos de ensino superior católicos atendem a um total de 380.500 estudantes, 22.000 professores e 16.500 funcionários, um número superior ao número de professores e estudantes de todas as entidades confessionais (católicas e outras) recuperadas pelo INEP, que é de 372.480 estudantes e 24.261 estudantes. Essa diferença pode ser explicada por uma atualização dos dados da ABESC ainda não recuperados pelo INEP, o que apontaria para um crescimento das universidades católicas no país (ABESC, 2006).

REFERÊNCIAS BIBLIOGRÁFICAS

ALVIM, Gustavo. **Autonomia Universitária e Confessionalidade.** Piracicaba: Unimep, 1995. 118 p.

AMADO, Wolmir. Autonomia Universitária e Liberdade Acadêmica. **O Popular,** Goiânia, 03 abr. 2004. Seção.

AMERICAN ASSOCIATION OF UNIVERSITY PROFESSORS. **AAUP's 1915 Declaration of Principles.** Disponível em: <http://www.campus-watch.org/pf.php?id=566>. Acesso em: 23 fev. 2005.

AMERICAN ASSOCIATION OF UNIVERSITY PROFESSORS. **1940 Statement of Principles on Academic Freedom and Tenure.** Disponível em: <http://

www.aaup.org/statements/Redbook/1940stat.htm>. Acesso em: 27 fev. 2006.
ANTONIAZZI, Alberto. A "Confessionalidade" na Universidade Católica. **Revista do Cogeime**, Piracicaba, v. 1, n. 1, pp.95-103, 1992.
ASSOCIAÇÃO BRASILEIRA DE ESCOLAS SUPERIORES CATÓLICAS. **Associadas**. Disponível em: <http://www.abescbrasil.org.br/apresentacao/default.htm>. Acesso em: 09 mar. 2006.
BAUBÉROT, Jean. **Histoire de la Laïcité en France**. 13 ed. Paris: Presses Universitaires de France, 2000. 127 p. (Que sais-je?).
BAUBÉROT, Jean. La Séparation et son Contexte Sociohistorique. In: BAUBÉROT, Jean; WIEVIORKA, Michel (Org.). **De la Séparation des Églises et de l'État à l'Avenir de la Laïcité**. Paris: Editions de L'Aube, 2005. pp. 61-74. (Essai).
BAXTER, Victoria. **Directory of Persecuted Scientists, Engineers, and Health Professionals**. Washington: American Association for the Advancement of Science, 2003. 63 p.
BOBBIO, Norberto. Tolerância e Verdade. In: BOBBIO, Norberto. **Elogio da Serenidade e Outros Escritos Morais**. São Paulo: UNESP, 2002. pp. 149-158. Tradução: Marco Aurélio Nogueira.
BRASIL. **Constituição da República Federativa do Brasil**. Art. 206. O ensino será ministrado com base nos seguintes princípios. Brasília: Câmara dos Deputados. Coordenação de Publicações, 2005. p. 66. Disponível em: <http://www.camara.gov.br/internet/Legislacao/Constituicao/CFpdf/constituicao.pdf>. Acesso em: 17 mar. 2006.
BRASIL. **Constituição da República Federativa do Brasil**. Brasília: Câmara dos Deputados. Coordenação de Publicações, 2005. Disponível em: <http://www.camara.gov.br/internet/Legislacao/Constituicao/CFpdf/constituicao.pdf>. Acesso em: 17 mar. 2006.
BRASIL. Instituto Nacional de Estudos e Pesquisas Educacionais Anísio Teixeira. **Censo da Educação Superior - Resumo Técnico**. Disponível em: <www.inep.gov.br/download/superior/2004/censosuperior/Resumo_tecnico_Censo_2004.pdf>. Acesso em: 02 fev. 2006.
BRASIL. **LDB:** Diretrizes e Bases da Educação Nacional: Lei n. 9.394 de 20 de dezembro 1996. Estabelece as diretrizes e bases da educação nacional. **Diário Oficial da [República Federativa do Brasil]**. Brasília, p. 27.833, 23 dez. 1996. Seção 1. Disponível em: <http://www2.camara.gov.br/legislacao/legin.html/textos/visualizar Texto.html?ideNorma=362578&seqTexto=1&Palavras Destaque=>. Acesso em: 17 mar. 2006.
CONSELHO EPISCOPAL LATINO-AMERICANO. **Os Cristãos na Universidade**. Petrópolis: Editora Vozes, 1968. 61 p. Tradução: Dom Cândido Padim e Francisco G. Heidemann.
CONSELHO NACIONAL DE DESENVOLVIMENTO CIENTÍFICO E TECNOLÓGICO. **Investimentos Realizados por Linha de Ação Segundo as Principais Instituições**. Disponível em: <http://ftp.cnpb.br/pub/doc/aei/

t07_rk_9904_site.pdf>. Acesso em: 01 fev. 2006.
CONSELHO NACIONAL DE DESENVOLVIMENTO CIENTÍFICO E TECNOLÓGICO. **Busca Textual. Diretório de Grupos de Pesquisa do Brasil.** Disponível em: <http://dgp.cnpq.br/buscagrupo>. Acesso em: 01 fev. 2006.
COORDENAÇÃO DE APERFEIÇOAMENTO DE PESSOAL DE NÍVEL SUPERIOR. **Estatísticas da Pós-Graduação.** Disponível em: < http://www.capes.gov.br/capes/portal/ conteudo/10/EstatisticasPG.htm>. Acesso em: 01 fev. 2006.
DERRIDA, Jacques. **O Olho da Universidade.** São Paulo: Estação Liberdade, 1999. 157 p. Tradução: Ricardo Iuri Canko e Ignácio Antonio Neis.
DERRIDA, Jacques. **A Universidade sem Condição.** São Paulo: Estação Liberdade, 2003. 86 p. Tradução: Evando Nascimento.
DEWEY, John. Academic Freedom. **Educational Review**, Chicago, n. 23, pp.1-14. 1902.
DEWEY, John. **John Dewey:** The Middle Works, 1899-1924. Carbondale: Southern Illinois University Press, 1976. pp. 2-56.
DIEKEMA, Anthony J. **Academic Freedom & Christian Scholarship.** Michigan: William B. Eerdmans Publishing Company, 2000. 214 p.
DWORKIN, Ronald. We Need a New Interpretation of Academic Freedom. In: MENAND, Louis. (Ed.). **The Future of Academic Freedom.** Chicago: The University of Chicago Press, 1997. pp. 187-198.
EHRHARDT, Nelci. **Confessionalidade na Instituição Educativa como Concretude da Ética Luterana na Educação.** 2003. 71 f. Monografia de Especialização (Especialista) - Administração na Educação, Universidade Luterana do Brasil, Carazinho, 2003.
ENGELHARDT, Tristram. **Os Fundamentos da Bioética.** São Paulo: Editora Loyola, 1998. 520 p. Tradução: José A. Ceschin.
ESTIVALÈZES, Mireille. Le Contexte Sociohistorique du Débat. In: ESTIVALÈZES, Mireille. **Les Religions dans l'Enseignement Laïque.** Paris: Presses Universitaires de France, 2005. pp. 9-76. Prefácio de Jean Baubérot.
FEYERABEND, Paul. **La Ciencia en una Sociedad Libre.** 2 ed. México: Siglo Veintiuno Editores, 1988. 261 p. Tradução: Alberto Elena.
GILLIN, Charles T. The Bog-Like Ground on Which We Tread: Arbitrating Academic Freedom in Canada. **The Canadian Review of Sociology and Anthropology**, Canada, v. 39, n. 3, pp.301-322, ago. 2002.
HACK, Osvaldo Henrique. **Raízes Cristãs do Mackenzie e seu Perfil Confessional.** São Paulo: Editora Mackenzie, 2003. 305 p.
INTERNATIONAL FEDERATION OF CATHOLIC UNIVERSITIES. **Statutes.** Disponível em: <http:///www.fiuc.org/cms/index.php?page=homeENG>. Acesso em: 02 fev. 2006.
JOÃO PAULO II. **Ex Corde Ecclesiae.** Roma: s/editora, 1990. pp. 1-24. Disponível em: <http://www.veritatis.com.br/_agnusdei/excorde0.htm>. Acesso em: 01 fev. 1006.

KANT, Immanuel. **O Conflito das Faculdades**. Lisboa: Edições 70, 1993. 137 p. (Textos Filosóficos). Tradução: Artur Morão.

KINTZLER, Catherine. **Tolerancia y Laicismo**. Buenos Aires: Del Signo, 2005. 64 p. Tradução: María Elena Ladd.

LOREA, Roberto Arriada. O Poder Judiciário é Laico. **Folha de S. Paulo**, São Paulo, 24 set. 2005. Seção p. 5.

MENAND, Louis. The Limits of Academic Freedom. In: MENAND, Louis (Ed.). **The Future of Academic Freedom**. Chicago: The University of Chicago Press, 1997. pp. 3-20.

MORAIS, Regis de. As Universidades Católicas no Contexto da Atual Educação Superior. In: MORAES, Regis de. **A Universidade Desafiada**. Campinas: Editora da Unicamp, 1995. pp. 85-104.

NUSSBAUM, Martha. Socrates in the Religious University. In: NUSSBAUM, Martha. **Cultivating Humanity:** a classical defense of reform in liberal education. Cambridge: Harvard University Press, 1997. pp. 257-292.

NUSSBAUM, Martha. Sócrates en la Universidad Religiosa. In: NUSSBAUM, Martha. **El Cultivo de la Humanidad**. Barcelona: Editorial Andres Bello, 2001. pp. 283-327.

PENA-RUIZ, Henri. **Qu'est-ce que la laïcité?**. Paris: Éditions Gallimard, 2003. 347 p.

PENA-RUIZ, Henri. **Histoire de la Laïcité**. Paris: Découvertes Gallimard, 2005. 144 p. (Histoire).

RANIERI, Nina Beatriz. **Educação Superior, Direito e Estado:** Na Lei de Diretrizes e Bases (Lei n. 9.394/96). São Paulo: Editora da Universidade de São Paulo, 2000. 403 p.

RATZINGER, Cardeal Joseph. **Considerações sobre os Projectos de Reconhecimento Legal das Uniões entre Pessoas Homossexuais**. Disponível em: <http://www.vatican.va/roman_curia/congregations/cfaith/documents/rc_con_cfaith_doc_10030731_.>. Acesso em: 09 mar. 2006. 7 p.

RAWLS, John. **O Liberalismo Político**. São Paulo: Ática, 2000. 430 p. Tradução: Dinah de Abreu Azevedo. Revisão de Tradução: Álvaro de Vita.

RENAUT, Alain; TOURAINE, Alain. **Un Débat sur la Laïcité**. Paris: Stock, 2005. 172 p. (Les Essais).

RORTY, Richard. Does Academic Freedom Have Philosophical Presuppositions?. In: MENAND, Louis. (Ed.). **The Future of Academic Freedom**. Chicago: The University Of Chicago Press, 1997. pp. 21-42.

ROY, Olivier. **La Laïcité face à l'Islam**. Paris: Stock, 2005. 172 p.

SAID, Edward. Identity, Authority, and Freedom: The Potentate and the Traveler. In: MENAND, Louis. **The Future of Academic Freedom**. Chicago: The University of Chicago Press, 1997. pp. 214-228.

SAID, Edward. Identidade, Autoridade e Liberdade: o potentado e o viajante. In: SAID, Edward. **Reflexões sobre o Exílio e Outros Ensaios**. São Paulo: Companhia

das Letras, 2003. pp. 190-208. Tradução: Pedro Maia Soares.
SAMPAIO, Anita Lapa Borges de. **Autonomia Universitária.** Brasília: Editora Universidade de Brasília, 2001. 282 p.
SCOTT, Joan W. Academic Freedom as an Ethical Practice. In: MENAND, Louis. **The Future of Academic Freedom.** Chicago: The University of Chicago Press, 1997. pp. 163-186.
TIERNEY, William G. The Roots/Routes of Academic Freedom and the Role of the Intellectual. **Cultural Studies Critical Methodologies,** v. 4, n. 2, pp.250-256, 2004.
UNIVERSIDADE CATÓLICA DE GOIÁS. **Estatuto da Universidade Católica de Goiás.** Goiânia: [s. n.], 2004. 28 p. Disponível em: <www.ucg.org.br>. Acesso em: 15 fev. 2006.
VASSELAI, Conrado. **As Universidades Confessionais no Ensino Superior Brasileiro:** Identidades, Contradições e Desafios. 2001. 139 f. Dissertação de Mestrado (Mestrado) - Departamento de Faculdade de Educação, Universidade Estadual de Campinas, Campinas, 2001.
VATICANO. Declaração *Gravissimum Educationis* sobre a Educação Cristã. In: **Documentos do Vaticano II:** Constituições, Decretos e Declarações. Petrópolis: Editora Vozes, 1966. pp. 587-593. Texto em português revisto pelos Subsecretários da Conferência Nacional dos Bispos do Brasil.
WEBER, Max. A Ciência como Vocação. In: WEBER, Max. **Metodologia das Ciências Sociais.** São Paulo: Cortez, 1992. pp. 431-453. Tradução: Agustin Wernet.

CAPÍTULO 3

No fio da navalha: os limites da autonomia universitária e a liberdade de cátedra[1]

Samantha Buglione

> *Universidade é o lugar onde por concessão do Estado e da sociedade uma determinada época pode cultivar a mais lúcida consciência de si própria. Os seus membros congregam-se nela com o único objetivo de procurar, incondicionalmente, a verdade, e apenas por amor à verdade.*
>
> Karl Jaspers

> *Na realidade, falando francamente, como convém de homem a homem, não se devem excluir os pagãos, nem os maometanos e nem os judeus da comunidade por causa de religião.*
> *O Evangelho não o ordena.*
> *A Igreja, que não julga os que estão de fora, não o deseja.*
>
> John Locke

No livro "Um mundo sem universidade?", Gerhard Casper (1997) considera que a natureza insubstituível da universidade acontece na unidade entre a pesquisa e o ensino. No Brasil, a Lei de Diretrizes e Bases da Educação, Lei 9.394/96, reitera essa idéia destacando no artigo 43 que o papel do ensino superior é "...estimular o espírito científico, o pensamento reflexivo..." e, entre outras finalidades destina-se a universidade a "...incentivar o trabalho de pesquisa e investigação científica, visando ao desenvolvimento da ciência e da tecnologia...". (Brasil, 1996). Tal finalidade não é original, mas é o marco que distingue as universidades de outras instituições de ensino. Em 1810, Wilhelm von Humboldt definiu o espírito e a estrutura organizacional da

Universidade de Humboldt, em Berlim, a partir de dois parâmetros fundamentais: ênfase na autonomia universitária e liberdade acadêmica com ligação indissociável entre ensino e pesquisa (Sorkin, 1983).

Com a Constituição da República Federativa do Brasil de 1988, o tema da autonomia universitária e da liberdade de cátedra voltou a ocupar o debate nacional. Ao adquirirem o status constitucional, foram conferidos não apenas direitos às universidades, professores, pesquisadores e estudantes, mas também princípios relacionados à função da universidade e da cátedra. Com isso, tanto a autonomia universitária quanto a liberdade de cátedra constituem normas de princípio que devem se realizar na maior medida possível.[2] A democratização do país permitiu redefinições importantes na ordem política e jurídica exigindo que esse tema fosse repensado. O que antes estava condicionado por um modelo autoritário de Estado hoje se dá num contexto de reconhecimento e garantia da pluralidade de valores.

Nas democracias liberais, direitos como à liberdade religiosa e de expressão, à educação, à liberdade de cátedra e à autonomia se complementam, convergem e se realizam a partir das condições reais proporcionadas pelas instituições que compõem o sistema federal de ensino, sejam elas públicas ou privadas.[3] Como há ausência de um consenso público, ou mesmo um silêncio sobre o significado da autonomia universitária e sobre a liberdade de cátedra, a dinâmica de funcionamento dos dois princípios fica a cargo, por exemplo, do arbítrio das instituições de ensino. A partir do argumento da autonomia e da liberdade religiosa, universidades confessionais sustentam a existência de uma total discricionariedade no processo de ensino, pesquisa e aprendizagem. Em parte, isso provoca uma tensão cuja solução seria preterir um dos direitos: autonomia universitária ou liberdade de cátedra.

A idéia de conflito se sustenta na tensão entre interesses diversos que fazem com que duas normas, aplicadas independentemente, conduzam a resultados incompatíveis com juízos de dever contraditórios (Alexy, 1997). No caso da autonomia das universidades confessionais e da liberdade de cátedra não há resultados incompatíveis, tampouco deveres contraditórios. É a frágil compreensão sobre o sentido de autonomia universitária que contribui para a construção da idéia de conflito, ofuscando um debate mais cuidadoso sobre o reconhecimento e o sentido da liberdade de cátedra.

Este artigo parte do pressuposto de que, explicitando-se a natureza jurídica das universidades, em especial das universidades confessionais, a informação sobre o seu papel na ordem jurídico-estatal vigente elucidará a relação com a liberdade de cátedra e, conseqüentemente, afastará a idéia de conflito entre esses dois direitos. Como a análise parte da ordem jurídico-estatal, não seria possível fazê-la se não por meio de conceitos básicos vigentes no Estado Democrático de Direito, doravante chamado apenas de Estado, e nas principais democracias liberais. O marco jurídico serve como referência por explicitar os valores comuns que estruturam e orientam as relações sociais.

A pergunta que orienta e provoca essa análise parte de uma reflexão simples: a tese de conflito entre autonomia universitária confessional e liberdade de cátedra está equivocada, pois a natureza principal das universidades delega um dever com a ciência e a liberdade de cátedra é o espaço onde isso acontece. Assim, não há tensão ou mesmo conflito, mas uma relação de cooperação que, por uma série de equívocos semânticos sobre os deveres de cada um dos atores que integram o debate da autonomia universitária e liberdade de cátedra, provoca uma competição que prejudica o que se tem de mais genuíno nesse contexto: a produção do conhecimento.

O artigo fará uso de dois expedientes para desenvolver a tese apresentada. O primeiro diz respeito à construção de acordos mínimos que possibilitem descortinar a função e o papel das universidades e situar a liberdade de cátedra nesse contexto. Para isso, o artigo percorre, inicialmente, o debate político sobre a constitucionalização da autonomia universitária e, posteriormente, a observação da natureza jurídica das universidades confessionais. Ao final desse primeiro tópico, é possível dimensionar o lugar das universidades confessionais na ordem jurídico-estatal a que se encontram vinculadas. O segundo expediente cuida das sutilezas de como os conceitos utilizados para justificar a discricionariedade das universidades confessionais, como autonomia e liberdade religiosa, se comportam quando situados num contexto de laicidade, secularização e ciência,e, mais adiante, quando efetivamente confrontados com a singularidade de categorias como interesse e bem público.

O DEBATE SOBRE AUTONOMIA UNIVERSITÁRIA

Parte da tensão que se instaurou no debate sobre autonomia universitária decorreu do sentido que a constitucionalização dessa autonomia assumiu no imaginário das universidades públicas e privadas. Um dos discursos políticos que melhor expressou o entendimento hegemônico sobre a constitucionalização da autonomia ocorreu em 1995, ocasião do encaminhamento ao Congresso Nacional da proposta de Emenda à Constituição (PEC) 233-A pelo Poder Executivo. A PEC 233-A adicionava a expressão "na forma da lei" ao *caput* do artigo constitucional e um novo parágrafo:[4]

Art. 207 "As universidades gozam, *na forma da lei,*". Parágrafo único: A lei poderá estender às demais instituições de ensino superior e aos institutos de pesquisa diferentes graus de autonomia" (sem grifo no original) (Zarur: 1997: 142).

A expressão *na forma da lei* foi entendida como um cerceamento da liberdade das universidades. O debate que se instaurou possibilitou observar como foi apreendido o sentido de autonomia pelas universidades, fossem elas públicas ou privadas. O debate se polarizou: o governo federal de um lado, os representantes das universidades particulares e públicas de outro. Os principais argumentos do Ministério da Educação, conforme analisou George Zarur, eram os seguintes: 1. o artigo 207 não seria auto-aplicável, ou seja, não haveria autonomia universitária de gestão, uma vez que não era possível para as universidades públicas contratar livremente, estabelecer o padrão de remuneração, controlar o quadro pessoal e verbas, e que 2. somente as universidades particulares, ao invés de autonomia, gozavam de soberania face à incapacidade do poder público de garantir um padrão mínimo de qualidade ao ensino (1997: 142). Do outro lado, o principal argumento contra a alteração constitucional era de que a expressão *na forma da lei* acarretaria uma desconstitucionalização da autonomia, já que haveria uma maior flexibilidade decorrente de processos legislativos mais ágeis.[5]

Com a pressão das universidades, que argumentavam em posição unânime que a autonomia seria limitada se remetida a lei ordinária, a PEC 233-A/96 acabou por não regular questões relativas ao ensino superior, sendo encaminhada, em outubro de 1996, uma PEC específica, a PEC 370-96. A nova PEC trazia duas novidades: 1. o discurso liberal orientado à defesa do livre mercado como mecanismo central de organização do ensino superior e 2. o surgimento de um possível compromisso entre o MEC, as instituições públicas e as privadas para instaurar uma nova política para o ensino superior no país.[6] A crítica das universidades, em síntese, foi de que não queriam a autonomia para captar seus recursos no mercado, mas a autonomia *lato sensu*: didático-científica, de gestão financeira e de organização administrativa (Zarur, 1997). Há autores que afirmam que é pela autonomia de gestão financeira e orçamentária que se pode desenvolver a autonomia didático-científica. Nina Ranieri traz o exemplo das universidades paulistas e destaca que foi por meio da gestão financeira e orçamentária que essas universidades encontraram seu rumo acadêmico e científico, já que assim poderiam privilegiar linhas de pesquisa, áreas do conhecimento e novos cursos, conforme as demandas dos meios nos quais estavam inseridas (Ranieri, 1994).

Nesse palco político, merece destaque a integração das universidades públicas e privadas em termos de preocupação com a capacidade de gestão e administração gerencial (autonomia formal) em detrimento de uma discussão sobre autonomia científica (autonomia material). Ao reduzir o debate de autonomia à administração de recursos, se esvazia um ponto fundamental que é a alocação interna desses recursos, o direcionamento das pesquisas, dos investimentos institucionais e da própria liberdade acadêmica. É como se a conquista do pleno gerenciamento administrativo – autonomia formal – implicasse, conseqüentemente, um adequado gerenciamento das linhas de pesquisa e, com isso, a manutenção da própria idéia de universidade. A finalidade do ensino estaria, assim, subordinada primeiramente às condições do mercado e, em um segundo momento, à livre discricionariedade das universidades autônomas. O esvaziamento do debate público sobre questões como ensino de qualidade e ciência em nome da preocupação com a gestão dos recursos contribuiu para o surgimento de uma certa miopia sobre a função das universidades, em especial das universidades confessionais.

É preciso ter claro que a constitucionalização da autonomia não conduz a uma gestão administrativa incondicionada, mas gera um compromisso com o ensino e o desenvolvimento da ciência e da pesquisa. Infelizmente, os principais debates sobre a regulamentação da constitucionalização da autonomia centraram-se estritamente em questões de gestão, praticamente se ausentando dos debates sobre ciência e sobre liberdade de cátedra. O lugar secundário que o tema da ciência ocupou nesses debates contribuiu para que a relação de compromisso com o interesse e o bem público também ficasse confusa.

A NATUREZA JURÍDICA DA UNIVERSIDADE: OS ACORDOS SEMÂNTICOS

Uma linguagem consensuada é condição para viabilizar o diálogo entre diferentes moralidades quando temas delicados estão em questão. Por isso, a elucidação da natureza jurídica das universidades, em especial das confessionais, é uma estratégia ao mesmo tempo informativa e fundamental. As universidades públicas e privadas como instituições que exercem uma atividade originalmente do Estado acabam por assumir uma função pública e, conseqüentemente, todos os benefícios e responsabilidades que isso acarreta. Enquanto as universidades públicas, por serem autarquias, estão condicionadas por normas de Direito Administrativo, as universidades privadas têm personalidade jurídica de Direito Privado (Mello, 2002; Di Pietro, 1999).[7] Além disso, as universidades privadas possuem uma característica singular, que é a existência de mantenedoras que podem se constituir sob qualquer forma de pessoa jurídica de Direito Privado.

O parágrafo único do art. 62 do Código Civil dispõe que as fundações somente poderão constituir-se para fins religiosos, morais, culturais ou de assistência. Isso dá a idéia de que uma mantenedora de universidade confessional dispõe de toda a liberdade para exercer sua atividade tendo na disposição do Código Civil e no direito à liberdade religiosa sua principal referência. Porém, mesmo que essa instituição se constitua para fins religiosos, estará atrelada aos princípios e finalidades do ensino superior. Em parte, a idéia de livre discricionariedade das universidades privadas confessionais é compreensível, já que existem duas normas que tratam direta e indiretamente do seu sentido e função institucional. Porém, a mantenedora não é a universidade e isso por si só elimina o hipotético conflito. Ainda assim, cabe pensar esse suposto dilema normativo apenas como exercício para dissipar dúvidas eventuais e para marcar o lugar de debate deste artigo.[8] Nesse tipo de conflito – entre duas normas de mesma hierarquia (no caso, tanto o Código Civil (Lei 10.406/02) quanto a Lei de Diretrizes e Bases da Educação (Lei 9.394/96) são leis ordinárias) – deverá ser considerada ou uma cláusula de exceção ou a declaração de não-validade de uma das normas (Kelsen, 1990; Bobbio, 1999; Ferraz, 2003; Iglesias, 2002; Alexy, 1997. Não sendo possível uma cláusula de exceção, deverá ser aplicada ou a regra da lei mais nova – *lex posterior derogat legi priori*, ou da mais específica – *lex specialis derogat legi generali*. Considerando que o Código Civil é posterior à Lei de Diretrizes e Bases, mas não a revogou, terá prevalência, nessa tensão, a Lei de Diretrizes e Bases por ser a mais específica. Este artigo quer destacar que não existe essa natureza conflitiva nem de normas de regra, nem de normas de princípio. O argumento preliminar é de que mesmo que as fundações possam se constituir apenas para fins religiosos, quando se trata de instituições que compõem o ensino superior federal, a sua finalidade primeira é o compromisso com a educação. Dessa forma, os fins religiosos devem agregar e contribuir para o desenvolvimento da educação, da ciência e da pesquisa, tal qual disposições da Constituição Federal da República e da Lei de Diretrizes e Bases.

Uma outra conseqüência assumida pelas universidades confessionais ao se constituírem é o vinculo com o interesse público. Tal interesse implica a dimensão pública dos próprios direitos privados, ou seja, refere-se aos bens comuns que estão agregados como parte da sociedade edificada juridicamente no Estado e que englobam tanto os direitos de ordem pública quanto os de ordem privada. Fazer menção ao bem comum é fazer referência aos princípios que estão expostos nas normas constitucionais e no modelo vigente de Estado – no caso brasileiro, um Estado democrático e laico.

A idéia de interesse público contribui objetivamente para a compreensão do tema da autonomia universitária e da liberdade de cátedra porque o interesse público diz respeito: 1. a um axioma que se vincula ao interesse de toda a coletividade; 2. ao cuidado com o bem público; e, principalmente, 3. ao fato de que o argumento de superioridade ou supremacia do interesse público significa que o valor do bem comum não pode ser ignorado em nome de um interesse de ordem privada que não se comunique com a expressão de valores coletivos. Por essa razão, a discricionariedade das universidades privadas deve ser exercida conforme a sua natureza: uma instituição de interesse público comprometida com a promoção desses bens comuns – facilmente observado nos princípios constitucionais.

AUTONOMIA E LIBERDADE DE AÇÃO: O ESTADO LAICO E AS UNIVERSIDADES CONFESSIONAIS

Entre os princípios constitucionais que orientam a ordem jurídico-estatal e dispõem sobre o que são os bens comuns, a proteção à pluralidade moral é um dos mais relevantes.[9] A autonomia das universidades, por sua vez, se justifica quando garantidora desses bens. É necessário, todavia, elucidar o que isso significa. O debate sobre autonomia traz em si a idéia de liberdade de dependências e de poder de autolegislação (Maquiavel, 1983). Ser autônomo implicaria estar livre de qualquer condicionamento a um objeto, devendo, porém, se subordinar ao imperativo categórico kantiano: "...escolher sempre de tal maneira que, na mesma volição, as máximas da escolha estejam, ao mesmo tempo, presentes como uma lei universal..." (Kant, 1988: 144).

O desafio para as universidades confessionais é que a sua vontade está tanto no compromisso com o bem público, em razão da sua existência como uma instituição que exerce uma função pública, quanto na profissão de sua fé. Essa disposição pode levar à crença na existência de conflito entre essas duas vontades, ou entre esses dois deveres. Porém, o cumprimento de um dos deveres não implicará o descumprimento do outro, por isso a tese do conflito deve ser afastada. Isso porque o sentido de autonomia imposto ou proporcionado às universidades é o de vinculação à ordem pública. Em outras palavras, agir de forma autônoma "...é agir conforme princípios aceitos enquanto seres racionais, livres e iguais..." (Rawls, 1997: 575) e, com isso, torna-se condição para a autonomia universitária confessional o respeito aos princípios comuns. E, por sua vez, a preocupação com esses princípios não acarreta risco à promoção da crença religiosa por duas razões: primeiro, porque a profissão de uma fé pode contribuir para a dinâmica da universidade e, segundo, porque não há uma equiparação hierárquica entre esses dois deveres, isto é, o dever com a ciência é o dever da própria função de uma universidade.

Para compreender a extensão do direito à autonomia universitária e o significado da vinculação a uma ordem de princípios comuns, é preciso salientar o contexto em que as universidades estão integradas. Por essa razão, é importante trazer à tona o debate sobre laicidade, religião e pluralismo moral. No século XVII, John Locke defendia que deveriam ser demarcadas por lei, de maneira definitiva, as funções do mundo sacerdotal e as do mundo civil, do contrário haveria uma confusão entre a salvação das almas e a segurança da sociedade e do Estado (Locke, 1983). Uma igreja representa uma sociedade livre de pessoas reunidas por iniciativa própria para o culto público de Deus e para a provável salvação das suas almas (Locke, 1983). Assim, entrar em uma igreja é um ato livre e voluntário, e não uma obrigação. Essa observação destaca uma obviedade e dirime qualquer dúvida sobre o fato de que uma universidade, mesmo confessional, não é uma igreja. O papel da universidade confessional, por certo, não é o de salvar as almas, mas o de cuidar e promover a ciência. No Brasil, o espaço para a função de salvar as almas é um direito constitucionalmente garantido e não está expresso como uma das funções de uma universidade confessional.

A idéia de universidade confessional traz consigo dois conceitos que historicamente foram separados pelo processo de secularização: ciência e religião. Porém, isso não implica a impossibilidade de existirem instituições dessa natureza, apenas incrementa a sua complexidade. Se o significado jurídico de confessionalidade, de que trata o inciso III do Artigo 20 da Lei 9.394/96, é o de atender a uma orientação confessional e a uma ideologia específicas, o de universidade confessional seria o de conjugar o cuidado com o bem público com uma determinada ideologia. O contexto desse bem público está explicitamente definido nos artigos 1º, 3º e 5º da Constituição da República Federativa do Brasil. A subordinação ao Estado – no sentido de um consenso mínimo compartilhado de valores constitucionalizados – não significa a impossibilidade de professar uma confessionalidade em instituições universitárias, mas sim que essa profissão venha a somar no desenvolvimento do seu papel.

Na relação entre universidade e confessionalidade, o que define o lugar da instituição em primeiro plano é a característica de universalidade. A universidade privada confessional, como executora de uma função do Estado, terá o seu interesse privado condicionado ao compromisso de promover o interesse público que ela assumiu quando do exercício de uma função pública. A razão de existência das universidades é o compromisso com esses bens públicos em primeira ordem, portanto, a vocação religiosa ou o interesse financeiro não podem se sobrepor a essa função. Essa sobreposição implicaria o risco de fazer com que a universidade se transfigurasse em alguma outra instituição.

Em modelos de Estado laico, a profissão de uma determinada fé, que é um direito constitucional que se exerce no âmbito privado, não é dotada de força suficiente, ao menos em termos de legalidade, para determinar a realização ou não de outras garantias constitucionais. Uma moral religiosa não pode servir de referência para limitar, por exemplo, o exercício de uma sexualidade que viola seus preceitos, e, com isso, impedir que homossexuais tenham direitos reconhecidos a todos os cidadãos. Nas universidades confessionais, a profissão de uma determinada fé não pode prejudicar o ensino violando, por exemplo, o direito subjetivo dos estudantes à educação.

A função de universidade e compromisso com a ciência se perderá quando uma instituição confessional limitar o espectro de aprendizagem excluindo temas que ferem preceitos religiosos como, por exemplo, direitos sexuais e reprodutivos, ou ainda quando fizer uso do argumento da autonomia universitária confessional e abordar esses conteúdos exclusivamente a partir de uma perspectiva religiosa ou doutrinária. Não há discricionariedade legítima por parte das universidades para limitar a liberdade de cátedra tendo como fundamento a não convergência dos professores aos valores religiosos institucionais. Esse posicionamento é um desvio da natureza das universidades, pois ao adotá-lo elas priorizam a profissão religiosa e não a ciência.

O afastamento da idéia de conflito de direitos decorre do fato de que as universidades confessionais estão integradas a um Estado laico, ou seja, a um ordenamento jurídico não-religioso e com valores comuns expostos no corpo das normas constitucionais. Autonomia universitária confessional e liberdade de cátedra referem-se a direitos e deveres afins, pois é a liberdade de cátedra, no fazer ciência, que garante o sentido de universidade. O desafio de conciliar um espaço que promova a educação superior e, ao mesmo tempo, uma crença religiosa não se soluciona com o sacrifício de um ou outro princípio, principalmente porque nas democracias liberais tanto a liberdade religiosa quanto a liberdade de cátedra são bens jurídicos que devem ser preservados. O problema está quando as universidades confessionais optam por sacrificar a excelência acadêmica, seja com a seleção de linhas de pesquisa, seja com a escolha de profissionais menos qualificados, em defesa de moralidades privadas.

AUTONOMIA E ESTADO LAICO: OS ACORDOS SECULARES COMO CONDIÇÃO PARA A CIÊNCIA

Para dirimir possíveis dúvidas sobre a afirmativa da inexistência de conflito entre liberdade de cátedra e autonomia universitária confessional, é um expediente importante a referência à laicidade e ao processo de secularização da norma que exprime a ordem jurídico-estatal. Para pensar o Estado laico, utilizam-se dois exemplos: Brasil e Costa Rica. A Costa Rica é uma república localizada ao sul da América Central que adota o catolicismo como religião oficial. O artigo primeiro do Código Civil costarriquenho define que é fonte direta de Direito não apenas a Constituição da República, mas também os costumes. Mesmo que a liberdade de culto seja uma garantia constitucional, uma vez que o Estado adota o catolicismo como religião, os princípios morais que regem aquele Estado estão diretamente vinculados aos da religião católica.

No Brasil, o costume é fonte secundária de Direito, ou seja, mesmo com uma população predominantemente católica, o costume não se sobrepõe às fontes primárias, no caso, as normas. O artigo 4º da Lei de Introdução ao Código Civil Brasileiro, Decreto-Lei 4.657/42, define: "...quando a lei for omissa, o juiz decidirá o caso de acordo com a analogia, os costumes e os princípios gerais de direito..." – o que não ocorre com a autonomia universitária e a liberdade de cátedra. O Estado, como expressão jurídica de uma sociedade e dos acordos possíveis que foram realizados, faz com que o vínculo entre os sujeitos se estabeleça a partir da norma e não de uma crença moral específica.

O Estado Democrático de Direito não ignora a moral, mas incorpora a pluralidade moral como um dos bens a ser resguardado. A diferença é que o eixo comum é um acordo secular de princípios que legitima e condiciona tanto a prática do Estado quanto a de seus atores, instituições e grupos. A secularização normativa é o que faz com que o modelo de Estado priorize valores não-religiosos e, como no Brasil, preserve a existência desses valores como um bem geral. Em sociedades democráticas, a interpretação e aplicação das normas de organização social sofrerão a influência do seu entorno. A existência de uma permeabilidade do sistema não significa a filiação a uma determinada moralidade. Aqui está a principal diferença entre Costa Rica e Brasil. Enquanto no Brasil a base da ordem jurídica está nela mesma, ou seja, nos acordos racionais realizados através de procedimentos previamente definidos, na Costa Rica ela está tanto na ordem jurídica quanto na moral católica.

Com o processo de secularização, o fundamento de legitimidade passa a se originar do próprio Estado, ou seja, da norma que é fruto da vontade humana.[10] O sagrado, como fonte última de legitimidade, está presente no pensamento moderno ocidental nas deliberações dos acordos humanos e não mais em uma crença religiosa. Esses acordos estão expressos na ordem jurídico-estatal. O Estado laico possui, ainda, uma outra característica decorrente da secularização – que é a secularização da ciência. O fundamento de racionalidade não é mais a natureza dos clássicos (*physis*) ou a religião do medievo (*teo*), mas a vontade humana. É o contrato social que estipula que a norma e o Estado passem a ser os responsáveis pela coesão social e pelo sentido de unidade. Foi devido ao processo de secularização do conhecimento que houve um rompimento com o padrão teológico nos métodos de ensino, passando a ser adotada a filosofia moderna e a ciência como matriz. O caráter humanista que a universidade passa a adquirir coaduna com o principio da *libertas philosophandi*, ou seja, a liberdade de pensar, não apenas no plano religioso, mas também no plano da moral e no dos costumes (Spinoza, 1988).

A NORMA SACRALIZADA PELA SECULARIZAÇÃO

A norma, ao se secularizar, passa a definir condutas-padrão não mais a partir de referenciais religiosos, por exemplo, mas da eleição de parâmetros estáveis e comuns. Em sociedades laicas e democráticas, regular é minimizar a complexidade das relações humanas e, ao mesmo tempo, possibilitar uma linguagem comum para as ações a fim de viabilizar a convivência. Enquanto na Costa Rica essa linguagem comum está legitimamente permeada pelo catolicismo, no Brasil ela deverá ser composta de forma a garantir a pluralidade moral e a laicidade. Por isso, em Estados laicos, a norma jurídica adquire um novo patamar nas relações sociais: o de substituir a verdade religiosa como parâmetro de organização social. Para entender essa afirmativa, cabe observar o sentido desta nova configuração.

O termo secularização refere-se à temporalidade e à dimensão mundana da vida – a expressão *retornar ao século* significa retornar ao mundo profano, identificando-se, dessa forma, com a laicização. O processo de profanação da vida expressa no neologismo *secularização* exprime a construção de um novo sentido para a ordem social. Um exemplo foi a utilização do neologismo nas negociações para a paz de Westfália, em 1648. O termo teria a função de indicar a expropriação dos bens eclesiásticos em favor dos príncipes ou das Igrejas nacionais reformadas (Marramao, 1997). Apesar de o termo *secularização* ser marcado pelo âmbito religioso, ele é, igualmente, um termo jurídico-político, já que se refere a um ato jurídico dos príncipes: o ato que reconhece o poder (*potestas*) dos príncipes quando expropria bens da Igreja e os destina para outras finalidades. A Paz de Westfália pode ser um marco para o início do Estado Moderno não apenas pelo fim da guerra dos 30 anos, mas também por representar a transmissão da autoridade eclesiástica do âmbito do domínio temporal para o Estado, que passa a ser o titular do poder e da autoridade (*potestas* e *actoritas*). Westfália representaria o fim de uma era de aliança entre Religião e Estado, algo que teve início com o Edito de Milão de Constantino, em 313, e ascensão com Teodósio I, em 380 – que elevou a Religião Cristã a única do Império Romano (Marramao 1997; Moncada, 1995).

Na perspectiva política, a secularização é observada como um processo de separação visceral entre a esfera religiosa, a arte, a ética e a política que ocorreu na Idade Média. A partir daí, a compreensão e a justificativa sobre os fenômenos passariam a se dar de forma imanente, de forma mundana, ou intramundana, como teria definido Max Weber (1967), e não mais a partir de uma teleologia inacabada determinada por Deus ou pela natureza. Esse processo de legitimação do mundo – da ordem social, política e jurídica e da ciência, que se desloca do divino e do natural para a razão humana – é o marco identificador das sociedades modernas ocidentais.[11] A secularização é o processo de transferência do domínio da religião para o da política laica, sendo, assim, parte de um processo de desenvolvimento da sociabilidade, em especial, do racionalismo ocidental que se destaca na ciência (Weber, 1967).

O termo secularização ora é interpretado como descristianização, que significa a profanação da tradição e dos princípios cristãos pelos modernos, ora é compreendida como dessacralização (Marramao, 1997). Essa é uma informação importante porque uma norma, por exemplo, pode estar inspirada na moralidade cristã, em especial quando nos referimos às sociedades ocidentais judaico-cristãs. Porém, ser inspiração na construção do corpo valorativo e normativo de uma ordem jurídico-estatal não implica uma vinculação condicionante. No Brasil, cultura e costume não são fontes primárias de Direito, mas secundárias. Dessa forma, afasta-se a idéia de vinculação na forma de compreender e pensar o sistema normativo, por exemplo. O costume, como fonte secundária, é importante quando a norma é omissa em determinado tema, ou seja, quando há uma total ausência de normatização. A interpretação das normas conforme determina o artigo 5º da Lei de Introdução ao Código Civil "...atenderá aos fins sociais a que ela se dirige e às exigências do bem comum...".[12] A hierarquia, aqui, está nas fontes de Direito. Na Costa Rica, o costume é fonte primária; no Brasil, não. É por essa razão que no Brasil a moral religiosa está abaixo da objetividade científica.

A separação entre religião e Estado e a mundanização das normas de convívio social marcam um novo parâmetro de legitimidade: a ciência. As explicações sobre o mundo não se vinculariam mais à religião, mas ao conhecimento científico. O novo parâmetro de organização social não é mais a norma moral, mas a norma jurídica. A relação dessa norma com o Estado leva a concluir que não é possível que as instituições do Estado ou aquelas subordinadas a ele usem algum fundamento que não tenha amparo nesta ordem: na norma (princípio da legalidade) e na ciência (racionalidade). Isso não significa que é impossível fundamentar práticas com base em valores religiosos, mas, considerando a existência de um sistema jurídico-estatal, um fundamento estritamente moral não é universalizável, tampouco legal.

Mesmo sendo possível entender que uma universidade confessional católica não queira discutir, nas Faculdades de Ciências da Saúde ou de Humanidades, a questão do aborto por convicções religiosas, e sustente sua posição em direitos como liberdade religiosa e autonomia universitária, esse argumento não possui a legitimidade jurídica necessária a sua validade. Igualmente ilegítimo seria conduzir essa discussão apresentando apenas autores e teses cristãs. Isso porque as universidades estão condicionadas a dois elementos: a hierarquia normativa de um marco valorativo de um Estado laico e o compromisso com a ciência. No Brasil, o Estado laico não é um Estado neutro que ignora ou exclui a pluralidade moral.

CIÊNCIA COMO CONDIÇÃO PARA A UNIVERSIDADE EM ESTADOS LAICOS DEMOCRÁTICOS

A tese de que a liberdade de cátedra é condição para a universidade porque cabe à universidade o cuidado com a ciência exige um olhar mais atento sobre o lugar da ciência e da razão como sua força legitimadora. O conhecimento científico nunca é definitivo, o que não significa que a ciência possua uma objetividade pura, como queriam os positivistas. Mesmo com fatores subjetivos que inspiram, condicionam ou influenciam a objetividade, o que caracteriza a ciência é a possibilidade de questionamento, de refutação (Popper, 1985).[13] Em certa medida, o pluralismo moral está garantido nas subjetividades, preferências, marcos teóricos e cosmovisões que compõem os pré-conceitos. O que garante o caráter científico de experimentos e teses, em parte, é o conhecimento e o reconhecimento dos pré-conceitos e a possibilidade de contestação.

Thomas Kuhn, com a noção de paradigma, e posteriormente de matriz disciplinar, chamava atenção para o fato de que a realidade alcançada seria sempre relativa ao paradigma com o qual o grupo de cientistas trabalhava, ou seja, ao conjunto de convicções compartilhadas (Kuhn, 1995). Ingenuamente poderia se dizer que esse paradigma faria o papel de um dogma religioso, porém, um dogma religioso não é passível de contestação, de refutação, e por essa razão inviabiliza a própria idéia de paradigma. Um bom exemplo de um paradigma, no sentido de Kuhn, é o aperfeiçoamento da física com a refutação da Lei de Newton pela Teoria da Relatividade de Einstein. Quando se trata de dogmas religiosos esse exercício de refutação ou de questionamento é impossível. Pode-se, até, reinterpretar os dogmas, mas como eles são um exercício de fé, não se pode questioná-los. A validade de uma tese científica não está na sua rigidez, mas na possibilidade de ser refutada. As teorias são verdades provisórias, ou seja, são válidas enquanto não forem refutadas (Popper, 1985) ou aperfeiçoadas (Kuhn, 1995). De qualquer forma, é a possibilidade de dúvida, de questionamento, que caracteriza a ciência.

Fazer ciência é considerar as conjunturas e as refutações – não há como refutar a fé. Enquanto a ciência está na ordem da razão, da probabilidade, a fé está na ordem da subjetividade, da intuição. Por essa razão, as decisões e práticas humanas não podem ter como fundamento a subjetividade da fé, pois um desacordo entre diferentes crenças não permite um consenso racional. Como não é possível refutar a validade dos princípios de cada fé enquanto fé, só resta, como afirma Alfred Julius Ayer, "...elogiá-los ou condená-los à luz dos nossos próprios sentimentos..." (1991: 97). A impossibilidade de uma avaliação racional dos valores religiosos é a razão para refutar a sua validade enquanto fundamento para a ciência ou para as práticas humanas em sociedades laicas e democráticas. Caso contrário, haveria o risco de um subjetivismo ético, de decisões fundadas em crenças pessoais e não em valores aceitos e reconhecidos coletivamente. Isso não significa que as crenças não tenham relação com a ciência, pois muitas teorias partem de crenças. O modo de trabalhar com elas é o que determinará ou não a cientificidade das teses.

AUTONOMIA UNIVERSITÁRIA E LIBERDADE DE CÁTEDRA: DUAS FACES DA MESMA MOEDA

Liberdade acadêmica, para Casper (1997), significa a liberdade de pensar, criar e gerar conhecimento novo a partir da crítica do conhecimento aparentemente estabelecido. Nessa linha argumentativa se sustenta parte da afirmação de que não há ciência com dogmatismo. Como também, para haver ciência, é preciso haver autonomia das instituições diante uma variedade de contextos que possam imprimir um limite ou um severo condicionamento ao desenvolvimento do conhecimento, como o mercado, por exemplo. Em verdade, trata-se de um sistema tautológico, no qual a autonomia e a cientificidade são condições uma da outra: autonomia universitária e liberdade de cátedra não se confrontam, mas se complementam. Autonomia não é apenas sinônimo de liberdade acadêmica, mas tem mantido praticamente o mesmo significado proposto por Karl Jaspers, em "A Idéia da Universidade na Alemanha": "...liberdade acadêmica é o privilégio que implica a obrigação de ensinar a verdade ... liberdade acadêmica significa a liberdade do estudante e do professor de realizar pesquisas à sua própria maneira e ensinarem o que entendam adequado..." (Jaspers, 1946:399).

O pensamento de Jaspers marca o sentido imbricado entre liberdade acadêmica e autonomia. É a liberdade que garante a ciência: o compromisso com a verdade, no caso uma verdade refutável. Jaspers reflete a preocupação com a universidade na Alemanha durante o regime nazista. A relevância do seu trabalho está na tentativa de impor um limite entre as ideologias e convicções de grupos e a relação destes com o ensino superior. Mesmo sendo o nazismo a fonte de valores do Estado Alemão naquele momento, Jaspers advogava que a finalidade da educação deveria transcender valorações morais específicas. A autonomia da universidade estava, justamente, na liberdade de promover a pesquisa e a ciência, ou seja, na liberdade de cátedra no sentido de evitar pressões e condicionamentos valorativos. O Estado nazista, mesmo não sendo confessional, era totalitário e, dessa forma, comprometido com uma gama de valores capazes de prejudicar a ciência. A autonomia universitária defendida por Jaspers está no mecanismo para se evitar essa interferência. É nesse cenário que a discussão sobre autonomia universitária deve pairar: na relação entre universidade e Estado e universidade e ciência.

O mapa normativo no qual a educação, mais especificamente a autonomia universitária confessional, está inserida permite concluir que só é possível apreender tanto o sentido de autonomia quanto o de confessionalidade se esses conceitos forem observados a partir de uma análise integrada das normas que as regem. Concluir que a autonomia universitária se relaciona com a liberdade de cátedra é resultado dessa observação e de um pensamento lógico: cabe à universidade promover a pluralidade de idéias e a ciência, logo, cabe a ela promover a liberdade de cátedra por ser a liberdade de cátedra a realizadora direta da dúvida – a ciência.

Tanto a autonomia quanto a liberdade de cátedra se subordinam aos parâmetros do Estado e às normas constitucionais. Por exemplo, um professor não pode professar a defesa da discriminação racial ou do nazismo ou ensinar o criacionismo em detrimento da teoria da evolução de Darwin – exatamente porque essa profissão não reflete e não respeita o marco de valores compartilhados na ordem vigente. De forma mais clara e objetiva: os incisos II e III do artigo 206 da Constituição da República Federativa do Brasil e os incisos II, III, IV e V do artigo 3º da Lei 9.394/96, a Lei de Diretrizes e Bases (LDB), determinam que o ensino será ministrado com base nos princípios da "...liberdade de aprender, ensinar, pesquisar e divulgar a cultura, o pensamento, a arte e o saber; do pluralismo de idéias e de concepções pedagógicas; do respeito à liberdade e apreço à tolerância; e da coexistência de instituições públicas e privadas de ensino..." (Brasil, 1996). Isso faz com que a autonomia seja o próprio fortalecimento da liberdade de aprender, ensinar, pesquisar e divulgar o pensamento, ou seja, a liberdade de cátedra.

Em uma síntese conclusiva, é possível destacar dois níveis de argumento para a afirmação de que as universidades confessionais têm um dever com o bem público e o compromisso com a ciência e de que isso se dá por meio da garantia da liberdade de cátedra: o primeiro nível é a natureza jurídica das universidades e a sua relação com o interesse público através do exercício de uma função pública em um Estado democrático e laico. Ou seja, cabe à universidade promover a ciência, a pesquisa, a educação e garantir o pluralismo de idéias. O segundo nível está na relação com o Estado laico e a legitimidade. A partir da separação entre Igreja e Estado, a legitimidade para a ordem jurídico-estatal não está mais na religião, mas nas normas, e estas, por sua vez, adquirem o caráter secular. A ciência torna-se o espaço de promoção de uma racionalidade secular, ou seja, não comprometida com uma ou outra moralidade, mas sim com a pluralidade moral. A presunção de conflito implica a condução de resultados incompatíveis e juízos contraditórios. Este artigo buscou evidenciar exatamente o oposto: que não há nem contradição nem incompatibilidade nas funções da universidade confessional e da liberdade de cátedra, mas uma convergência necessária.

Ainda nessa linha, cabe uma rápida referência a um dos princípios expostos na *Magna Charta Universitatum* de 1988, no ato de comemoração do IX Centenário da Universidade de Bologna: "...sendo a liberdade de ensino, de investigação e de formação princípio fundamental da vida das Universidades, os poderes públicos e as mesmas universidades, cada qual no seu domínio de competência, devem garantir e promover o respeito dessa exigência fundamental. Na recusa da intolerância e no diálogo permanente, a Universidade é um lugar de encontro privilegiado entre os professores, capazes de transmitir o saber e os meios de o desenvolver através da investigação e da inovação, e os estudantes que têm o direito, a vontade e a capacidade de com isso se enriquecerem..." (MAGNA, 1988).

O desafio das universidades confessionais não está na disputa entre diferentes idéias dentro de uma mesma instituição, mas em garantir a ciência acima das suas convicções religiosas – em assumir a autonomia da ciência em Estados laicos e garantir a dúvida. Os princípios religiosos, por sua vez, podem contribuir com a promoção de valores como solidariedade, respeito e tolerância, não apresentando, dessa forma, antagonismo algum com a ciência e os deveres assumidos pela universidade.

NOTAS

[1] Agradeço a leitura e os comentários de Míriam Ventura, Hector Leis, Eduardo Didonet Teixeira e Zélia Didonet Teixeira.
[2] No Direito, há uma discussão sobre o sentido e extensão normativa das regras e princípios jurídicos. Neste artigo, opta-se pela compreensão de Robert Alexy de que ambos: regras e princípios - devem ser compreendidos como normas porque dizem o 'dever ser': ordenam, proíbem e permitem. Apesar de uma infinidade de critérios para essa distinção, é possível, de forma genérica, definir que as regras são normas com um baixo grau de generalidade que somente podem ser cumpridas ou não. Ou seja, "...sendo uma regra válida se deve fazer exatamente o que ela exige, nem mais, nem menos...enquanto que os princípios são normas com uma maior generalidade, trata-se de mandatos de otimização, de orientação para a ação". (Alexy: 1997: 82 - 86).
[3] Conforme o artigo 1º do Decreto 2.207/97, que regulamenta o Sistema Federal de Ensino, "as instituições de ensino superior do Sistema Federal de Ensino, nos termos do art. 16 da Lei 9.394/96, classificam-se, quanto a sua natureza jurídica, em: I - públicas, quando criadas ou incorporadas, mantidas e administradas pelo Governo Federal; II - privadas, quando mantidas e administradas por pessoas físicas ou jurídicas de direito privado."
[4] Além da Lei de Diretrizes e Bases, as normas que regulam o ensino superior no Brasil podem ser encontradas no Decreto 2.306/97, no Decreto 3.860/01, no Decreto 5.225/04, e, por óbvio, na Constituição Federal e no Código Civil Brasileiro.
[5] Tecnicamente, uma norma constitucional, salvo as cláusulas pétreas, só pode ser alterada e revogada mediante emenda constitucional. Nenhuma norma infraconstitucional tem poder para 'desconstitucionalizar' uma norma constitucional. A regulamentação significa, apenas, que a norma constitucional carece de especificações práticas. As normas quanto à subordinação podem ser de origem ou derivadas. As constitucionais são sempre de origem, já as complementares são derivadas, sendo que a constitucional é sempre hierarquicamente superior. Porém, a norma de origem pode ser dependente, ou seja, pode exigir a combinação

com outras normas que venham a prescrever uma sanção ou um comportamento específico (ordinárias ou complementares), enquanto que as autônomas são as que têm por si um sentido completo. Isso não significa que as normas constitucionais dependentes não sejam auto-aplicáveis pelo fato de prescreverem a regulação posterior de pontos específicos. A norma constitucional da autonomia universitária, por sua vez, pode ser compreendida como uma norma constitucional de eficácia contida. "Estas normas são aquelas nas quais os interesses relativos a determinada matéria foram suficientemente regulados pelo legislador, o qual todavia deixou ao poder público uma margem à atuação restritiva – nos termos que a lei estabelecer ou nos termos de conceitos gerais nelas enunciadas" (Moraes, 2004: 43-45).

6 A unanimidade se observa pela participação das principais organizações de representação das instituições privadas e públicas de ensino superior: Conselho de Reitores das Universidades Brasileiras (Crub), Andifes (Associação Nacional dos Dirigentes das Instituições Federais de Ensino Superior), Anup (Associação Nacional das Universidades Particulares), Abruc (Associação Brasileira das Universidades Católicas) e da Abruem (Associação Brasileira de Reitores das Universidades Estaduais e Municipais).

7 As universidades públicas são autarquias de natureza especial. As autarquias compõem a administração indireta do Estado e possuem natureza administrativa e personalidade jurídica de direito público. Essas características ocorrem para que as autarquias tenham condições de executarem atividades antes desenvolvidas exclusivamente pela entidade estatal. As autarquias gozam de liberdade administrativa nos limites da lei, ou seja, não são subordinadas a órgão algum do Estado, mas apenas controladas. Celso Antônio Bandeira de Mello esclarece que no passado fazia-se referência a autarquias especiais ou sob regime especial para se referir às universidades, a fim de evidenciar que estas desfrutavam de um teor de independência administrativa em relação aos poderes controladores exercidos pelos órgãos da Administração Direta. Essa natureza decorre da legislação de ensino em nome da liberdade de pensamento e orientação pedagógica. Nos últimos anos, porém, como fruto da 'reforma administrativa', surgiram autarquias qualificadas como "autarquias sob regime especial", denominadas "agencias reguladoras". Segundo Mello, o problema é que não há lei alguma que defina genericamente o que se deva entender por tal regime, o que dificulta inclusive compreender a natureza jurídica das Universidades. (Mello: 2002: 148).

8 A diferença entre dilema e conflito, neste artigo, está no fato de que um dilema refere-se a duas opções entre valores igualmente válidos sendo que é impossível escolher a ambos. O conflito, por sua vez, decorre da tensão de dois interesses que se sustentam num aparato ou normativo ou moral, porém, válido. No caso do exemplo discutido nesta parte do artigo, o que há é a suposição de interesses conflitantes: o interesse religioso da universidade confessional com base na existência da natureza jurídica de uma mantenedora *versus* a liberdade de cátedra.

O dilema estará na necessidade de decidir entre dois valores ou direitos válidos. A idéia da exceção ou da declaração de invalidade é a de que não é possível, no sistema jurídico, a existência de dilemas dessa natureza, ou seja, uma norma que numa situação específica prescreve ao mesmo tempo 'ir para frente' e 'ir para trás'.

[9] A idéia de pluralismo moral aqui é a de considerar que existe uma pluralidade de valores ou princípios irredutíveis que são relevantes para os julgamentos morais, logo igualmente significativos.

[10] A legitimidade e a finalidade das organizações políticas dos clássicos estava vinculada à busca da felicidade. O fundamento era a natureza (*physis*), na qual se encontrava o bem. Na Idade Média, o fundamento do bem se descola da natureza para a cristandade (*teo*), e na modernidade, com o humanismo, o fundamento da razão passa a ser o próprio homem (*homo*).

[11] Na modernidade, o termo secularização surge em 1922 na obra *Teologia Política* de Carl Schimitt, um neologismo alemão baseado no francês "sécularisation" que indicou a translação política moderna de noções provindas da teologia e reinvestidas no vocabulário da vida política. Em 1941, Martin Heidegger começou, também, a fazer uso desse termo, estimulando sua propagação (Marramao, 1997).

[12] A intenção aqui é demarcar os lugares legítimos das diferentes moralidades no processo de dar sentido às normas, sem, com isso, simplificar a complexidade da interpretação e hermenêutica jurídica.

[13] Popper propôs um critério de comprovação, que denominou *falseabilidade*, para determinar a validez científica e sublinhou o caráter hipotético-dedutivo da ciência. Independente das críticas possíveis a Popper, a idéia da verificação de uma tese cientifica contribui indiscutivelmente para a compreensão do que é ciência (Popper: 1985, Popper: 1982, Cupani: 1990).

REFERÊNCIAS BIBLIOGRÁFICAS

ALEXY, Robert. (1986) **Teoría de los Derechos Fundamentales**. Madri: CEC, 1997. pp. 83-86. Tradução de Ernesto Garzón Valdés.

AYER, Alfred Julius. (1936) **Linguagem, Verdade e Lógica**. 2 ed. Lisboa. Editorial Presença, 1991. pp. 92-99. Tradução de H. Hering Stuttgart.

BOBBIO, Norberto. **Teoria do Ordenamento Jurídico**. 10 ed. Brasília: Editora Universidade de Brasília, 1999. 184 p. Tradução de Cláudio de Cicco e Maria Celeste Santos.

BRASIL. **Constituição da República Federativa do Brasil** (1988). 31 ed. São Paulo: Ed. Saraiva, 2003.

BRASIL, **LDB:** Diretrizes e Bases da Educação Nacional: Lei n. 9.394 de 20 de dezembro 1996. Estabelece as diretrizes e bases da educação nacional. Publicado no Diário Oficial da União em 21 de dezembro de 1996. Disponível em: https://

www.presidencia.gov.br. Acesso em: 03 de abril de 2006.
BRASIL, **Código Civil**. Lei n. 10.406 de 10 de janeiro de 2002. Institui o Código Civil. Publicado no Diário Oficial em 11 de janeiro de 2002. Disponível em: https://www.presidencia.gov.br. Acesso em: 03 de abril de 2006.
BRASIL, **Decreto 2.207** de 15 de abril de 1997. Regulamenta o Sistema Federal de Ensino, as disposições contidas nos art. 19, 20, 45, 46 e §1º, 52, parágrafo único, 54 e 88 da Lei nº 9.394, de 20 de dezembro de 1996, e dá outras providências. Publicado no Diário Oficial da União em 16 de abril de 1997. Disponível em: https://www.presidencia.gov.br. Acesso em: 03 de abril de 2006.
BRASIL, **Decreto 2.306** de 19 de agosto de 1997. Regulamenta, para o Sistema Federal de Ensino, as disposições contidas no art. 10 da Medida Provisória nº 1.477-39, de 8 de agosto de 1997, e nos arts. 16, 19, 20, 45, 46 e § 1º, 52, parágrafo único, 54 e 88 da Lei nº 9.394, de 20 de dezembro de 1996, e dá outras providências. Publicado no Diário Oficial da União em 20 de agosto de 1997. Disponível em: https://www.presidencia.gov.br. Acesso em: 03 de abril de 2006.
BRASIL, **Decreto 3.860** de 10 de julho de 2001. Dispõe sobre a organização do ensino superior, a avaliação de cursos e instituições, e dá outras providências. Publicado no Diário Oficial da União em 10 de julho de 2001. Disponível em: https://www.presidencia.gov.br. Acesso em: 03 de abril de 2006.
BRASIL, **Decreto 5.225** de primeiro de outubro de 2004. Altera dispositivos do Decreto nº 3.860, de 9 de julho de 2001, que dispõe sobre a organização do ensino superior e a avaliação de cursos e instituições, e dá outras providências. Publicado no Diário Oficial da União em 04 de outubro de 2004. Disponível em: https://www.presidencia.gov.br Acesso em: 03 de abril de 2006.
CASPER, Gerhard e VON HUMBOLDT, Wilhelm. **Um Mundo sem Universidades?** Rio de Janeiro, EdUERJ, 1997. Tradução de Johannes Kretschmer e João Cezar de Castro Rocha. 102 p.
CUPANI, Alberto. (1990) Objetividade científica: noção e questionamentos. **Manuscrito XIII** (1). Florianópolis: UFSC, 1995. pp. 25-54.
DI PIETRO, Maria Sylvia Zanella. **Direito Administrativo**. 11 ed. São Paulo: Atlas. 1999. 242 p.
FERRAZ JR., Tércio Sampaio. **Introdução ao Estudo do Direito**. São Paulo: Atlas, 2003. 378p.
IGLESIAS, Juan. **Derecho Romano**. 14 ed. Barcelona: Ed. Ariel, 2002. pp. 03-11.
JASPERS, Karl. **La Idea de la Universidad en Alemania** (1946). Buenos Aires: Ed. Sudamericana, Buenos Aires, 1959. pp. 391-451. Tradução de Agustina S. de Castelli.
KANT, Emmanuel. **Fundamento da Metafísica dos Costumes**. Lisboa: Edições 70, 1988. p. 144. Tradução de Paulo Quintela.

KELSEN, Hans. **Teoria Geral do Direito e do Estado**. São Paulo: Martins Fontes; Brasília: Editora Universidade de Brasília, 1990. pp. 161-232. Tradução de Luís Carlos Borges.

KUHN, Thomas. **A Estrutura das Revoluções Científicas**. São Paulo: Perspectiva, 1995. 264p. Tradução de Beatriz Vianna Boeira e Nelson Boeira.

LOCKE, John. **Carta acerca da Tolerância**. Coleção Os Pensadores. 2 ed. São Paulo: Abril Cultural, 1983. 319p. Tradução de Anoar Aiex.

MAGNA Charta Universitatum. Bologna: [s.n], 1988. Observatory. Università de Bologna. Disponível em: http://www.magna-charta.org/home.html. Acesso em: 06 de abril de 2006.

MAQUIAVEL, Nicolau (1531). **The Discourses**. Coord. Bernard Crick. Harmondsworth. Penguin Books, 1983. pp.15-22. Tradução de Leslie Wallker. Revisão de Brian Richardson.

MARRAMAO, Giacomo. **Céu e Terra:** Genealogia da secularização. São Paulo: UNESP, 1997. 135p. Tradução de Guilherme Alberto Gómez de Andrade.

MELLO, Celso Antônio Bandeira de. **Curso de Direito Administrativo**. 14 ed. São Paulo: Malheiros, 2002. pp. 68-148.

MONCADA, L. Cabral. **Filosofia do Direito e do Estado**. Coimbra: Coimbra Editora, 1995. pp.11-127.

MORAES, Alexandre de. **Direito Constitucional**. 16 ed. São Paulo: Atlas, 2004. pp. 39-55.

NUSSBAUM, Martha. Sócrates en la Universidad Religiosa. In: **El Cultivo de la Humanidad**. Barcelona: Editorial Andres Bello, 2001. pp. 283-327.

POPPER, Kart (1959) **La Lógica de la Investigación Científica**. Madrid: Tecnos, 1985. 451p. Tradução de Victor Sanchez de Zavala.

POPPER, K. Ciência: Conjecturas e Refutações. In: Popper, K. **Conjecturas e Refutações**. Brasília: Universidade de Brasília. 1982. pp. 22-30. Tradução de Leônidas Hegenberg.

RAWLS, John. **Uma Teoria da Justiça**. São Paulo: Martins Fontes, 1997. pp. 571-643. Tradução de A. Pisetta e LMR Esteves.

RANIERI, Nina. **Autonomia universitária** – As Universidade Públicas e a Constituição de 1988. São Paulo: EDUSP, 1994. 147p.

SARLET, Ingo. **A Eficácia dos Direitos Fundamentais**. Porto Alegre: Livraria do Advogado, 2005. 464 p.

SPINOZA, Baruch de.(1670) **Tratado Teológico-Político**. Lisboa: Nacional, 1988. pp. 70-85. Tradução de Diogo Pires Aurélio.

SORKIN, David, VON HUMBOLDT, Wilhelm. The Theory and Practice of Self-Formation (Bildung), 1791-1810. **Journal of the History of Ideas**, Vol. 44, n. 1. Jan./Mar., 1983, pp. 55-73.

ZARUR, George de Cerqueira Leite. Autonomia Universitária – Conceito, Interesse e Autonomia Universitária. **Humanidades 43**. Brasília. UnB, 1997. pp. 141-149.

WEBER, Max. **A Ética Protestante e o Espírito do Capitalismo**. São Paulo: Pioneira, 1967. 233p. Tradução de M. Irene de Q. F. Szmrecsányi e Tamás J. M. K. Szmrecsányi.

CAPÍTULO 4

Entre a cruz e a espada: autonomia das universidades confessionais e a liberdade de cátedra na Constituição da República de 1988

Roger Raupp Rios

INTRODUÇÃO

A Constituição da República de 1988 garante, simultaneamente, a autonomia universitária e a liberdade de cátedra. A primeira diz respeito ao poder de autogoverno reconhecido às instituições de ensino superior, enquanto que a segunda se refere à liberdade de ensinar, pesquisar e divulgar o pensamento e o saber por parte dos professores e pesquisadores. À primeira vista, essas assertivas, ditas de um modo amplo e genérico, podem parecer mais que evidentes e necessárias à ordem democrática consagrada pela Constituição, além de compatíveis e de fácil convívio.

Todavia, essa convivência pacífica é, em muitos casos, desmentida. Basta pensar em quantas vezes afloram conflitos graves entre projetos de pesquisa acadêmicos e diretrizes gerais das instituições universitárias, como, por exemplo, a moralidade de certos procedimentos envolvendo a vida humana diante da adoção do paradigma dos direitos humanos, mesmo no interior de universidades laicas. Exponencializar essa inquietude é ainda mais fácil quando entram em cena instituições universitárias confessionais: estas, ao elegerem desde sua constituição determinadas concepções religiosas, poderão ver no exercício amplo da liberdade de cátedra uma ameaça à sua vocação institucional.

No Brasil dos dias de hoje, que luta por democratizar-se, mais e mais esses conflitos potenciais se atualizam: o caso da professora Debora Diniz é exemplo emblemático dessa tensão que é, ao mesmo tempo, construção e resultado da luta pela democratização em nosso país.[1] Nesses domínios, para lançar mão de uma metáfora recorrente, estamos entre a cruz e a espada: de um lado, a autonomia das universidades confessionais, querendo ditar o rumo do ensino e da pesquisa; de outro, a justiça estatal, laica e secular, que deve garantir os direitos fundamentais de professores e pesquisadores e velar pela ordem democrática.

Diante dessa realidade promissora e conflitiva, é preciso avançar a reflexão e garantir a ação. No que respeita ao conhecimento jurídico, requer-se maior clareza quanto ao conteúdo de cada uma dessas normas e, especialmente, quanto ao seu convívio. Como dito, a autonomia das instituições universitárias confessionais e a liberdade de cátedra de professores e pesquisadores contêm em si o germe de uma tensão inesgotável: no exercício de seu poder de autogoverno, ao afirmarem princípios morais decorrentes de sua cosmovisão, podem as universidades confessionais impor limites à atividade de professores e pesquisadores?

O objetivo deste artigo é fazer progredir a compreensão jurídica nacional da liberdade de cátedra diante dos desafios experimentados por professores e pesquisadores brasileiros que exercem suas atividades acadêmicas no seio de universidades confessionais. Para tanto, serão observados os seguintes passos: 1. examinar o regime constitucional da liberdade acadêmica das instituições universitárias confessionais, 2. investigar o conteúdo jurídico da liberdade de cátedra como direito constitucional e 3. estabelecer parâmetros jurídicos considerando o convívio tantas vezes conflituoso entre a autonomia universitária dos entes confessionais e a liberdade de cátedra.

A AUTONOMIA DAS UNIVERSIDADES CONFESSIONAIS E A LIBERDADE DE CÁTEDRA NA CONSTITUIÇÃO DA REPÚBLICA DE 1988

A Constituição de 1988 prevê, expressamente, a liberdade de cátedra e a autonomia universitária. As referências normativas mais imediatas e diretas encontram-se, respectivamente, nos artigos 206 e 207. Quanto à liberdade de cátedra, há menção expressa sobre "a liberdade de aprender, ensinar, pesquisar e divulgar o pensamento, a arte e o saber" (art. 206, inciso II). Quanto à autonomia universitária, o artigo 207, *caput*, dispõe: "as universidades gozam de autonomia didático-científica, administrativa e de gestão financeira e patrimonial, e obedecerão ao princípio de indissociabilidade entre ensino, pesquisa e extensão".

Não há dúvida de que essas normas constitucionais não existem isoladamente no texto normativo: a própria Constituição contém disposições ao mesmo tempo mais amplas e mais específicas relacionadas a tais esferas de liberdade, tais como a liberdade de pensamento (art. 5º, IX) e a previsão do cumprimento das normas gerais da educação nacional (art. 209, I). A importância da consideração desse sistema normativo como um todo para a adequada compreensão do conteúdo da autonomia universitária e da liberdade de cátedra será analisada nos itens que seguem, a saber, sobre a autonomia das universidades confessionais e sobre a liberdade de cátedra, tudo conforme a Constituição de 1988.

1. A AUTONOMIA DAS UNIVERSIDADES CONFESSIONAIS NA CONSTITUIÇÃO DE 1988

Uma noção ampla da autonomia universitária consagrada na Constituição de 1988 pode ser assim formulada: "poder de autogestão e autonormação parcial, vinculado aos fins e interesses específicos da instituição universitária (a saber, a realização indissociável do ensino, da pesquisa e da extensão), derivado diretamente da Constituição e somente por ela delimitado (e de alcance, em princípio, máximo), dirigido primariamente à comunidade universitária e oponível à lei que extrapole a autorização constitucional de limitação das prerrogativas universitárias" (Sampaio, 1998: 230).

Partindo desse conceito e sem adentrar, agora, a íntima relação entre a autonomia universitária e a liberdade de cátedra que vem sendo afirmada pelos tribunais e autores brasileiros, saliento que o exame do conteúdo jurídico da norma de Direito Constitucional que confere autonomia universitária a entes confessionais deve ainda considerar três dados fundamentais: a liberdade do ensino à iniciativa privada, as peculiaridades dessa atividade quando se trata de ensino superior e, por fim, a compreensão da presença explícita de instituições confessionais no sistema federal de ensino superior.

A previsão constitucional da liberdade de ensino a entidades privadas configura uma esfera de liberdade juridicamente reconhecida.[2] Isso significa que, ao contrário de outras atividades (como os transportes públicos urbanos, serviços públicos passíveis da concessão de sua execução a privados), a atividade de ensino pode ser titularizada por agentes privados, não dependendo, tecnicamente, de permissão ou concessão da Administração Pública (Bastos, 1998). Ressalte-se, no entanto, que tal atividade submete-se à observância de regras estatais, bem como à fiscalização e supervisão administrativas daí decorrentes: cuida-se de atividade legislativa, em muitos casos complementada por normas administrativas, fenômeno comum à quase totalidade das atividades privadas. Esse dado, fique claro, não implica o esvaziamento da liberdade outorgada à iniciativa privada, nem desnatura o direito dos privados de promoverem a atividade educacional (Hesse, 1998).[3]

Como direito fundamental, a liberdade de ensino à iniciativa privada goza de estatura constitucional. O objetivo desse reconhecimento constitucional é evitar uma ordem política e social que, admitindo exclusivamente o ensino estatal, acabe por impossibilitar aos indivíduos o livre desenvolvimento de sua personalidade e comprometa o exercício de direitos fundamentais como a liberdade de opinião e de convicção religiosa e filosófica (Miranda, 1988).[4] Com efeito, o monopólio estatal do ensino é tido como uma ameaça real à liberdade, pois pode provocar o conformismo oficial e transformar-se em veículo de propaganda da ideologia dominante, suprimindo a diversidade de opiniões (Robert, 1996).[5]

A jurisprudência da Suprema Corte dos Estados Unidos da América sobre a liberdade de ensino privado revela essa preocupação de modo explícito. Naquele país, o expresso reconhecimento do *status* constitucional das escolas privadas foi afirmado a partir do caso *Pierce v. Society of Sisters* (1925). Em tal precedente, declarou-se a inconstitucionalidade de legislação estadual que estabelecia a obrigação dos pais de enviar seus filhos a escolas públicas, ao argumento de que o direito de liberdade exclui um poder geral do Estado de estandardizar as crianças, forçando-as a submeter-se somente ao ensino público (Mott, 1973). Cuidava-se de legislação estadual patrocinada pela Ku Klux Klan e por sociedade maçônica, com forte componente anticatólico. Registre-se, ironicamente, que a doutrina constitucional estadunidense identifica nesse precedente protetivo da minoria católica o nascedouro da diretriz jurisprudencial que resultou na afirmação do direito fundamental de privacidade, consagrado em célebres decisões posteriores relacionadas, por exemplo, com a autonomia sexual, dentre as quais se destaca o caso *Roe v. Wade* (Yudof, 1992).

A situação jurídica das universidades privadas é a de instituições partícipes do sistema federal de ensino (Lei n. 9.394/1996, art. 16, II), podendo ser particulares em sentido estrito[6], comunitárias[7], filantrópicas ou confessionais (Hack, 2003).[8] Estas são instituídas por grupos de pessoas físicas ou por uma ou mais pessoas jurídicas que atendem a orientação confessional e ideologia específica (Lei n. 9.394/ 96, art. 20, III). Desse modo, no ordenamento jurídico nacional[9], as universidades confessionais são uma manifestação do exercício do direito constitucional à liberdade de ensino, notadamente universitário, levado a efeito por privados com orientação confessional e ideologia específica. Essa qualidade peculiar das universidades confessionais relaciona-se com a valorização do pluralismo das instituições de ensino, considerado necessário à ordem democrática e valioso, particularmente, para o exercício da liberdade religiosa.[10]

Tendo presente a relevância da liberdade constitucional do ensino privado e a pertinência das universidades confessionais ao sistema federal de educação, impende analisar o conteúdo dessa liberdade no contexto do regramento jurídico constitucional da educação superior, mormente no que se refere à relação entre a autonomia da universidade confessional e a liberdade de cátedra assegurada a professores e pesquisadores. Uma resposta adequada a essa questão requer o exame prévio do conteúdo da liberdade de cátedra, tarefa a seguir enfrentada.

2. A LIBERDADE DE CÁTEDRA NA CONSTITUIÇÃO DA REPÚBLICA DE 1988

A Constituição de 1988 é explícita ao afirmar "a liberdade de aprender, ensinar, pesquisar e divulgar o pensamento, a arte e o saber" como um dos princípios orientadores do ensino (art. 206, II), que, junto com a liberdade de "expressão da atividade intelectual, artística, científica e de comunicação" (art. 5º, IX), integram a "liberdade de transmissão e recepção do conhecimento" (Silva, 1992: 226).[11]

No mundo do ensino universitário, afirmar a necessidade dessa liberdade de transmissão e recepção do conhecimento é mais que evidente. Aproveitando a forte expressão de Pimenta Bueno sobre a comunicação livre das opiniões e pensamentos mesmo fora da academia, pode-se dizer que ela é "uma expressão da natureza inteligente do homem"; "enquanto não perca os caracteres do direito, não seja alterada pelas paixões, pelo crime, que não se dirija a fazer o mal, a prejudicar os direitos de outrem ou da sociedade, deve ser perfeitamente livre; é o comércio das relações naturais do homem; o contrário seria estabelecer a hipocrisia e imbecilidade" (Pimenta Bueno, 1857: 394).

Pontes de Miranda, comentando o artigo 155 da Constituição de 1934, identifica na liberdade de cátedra tanto o conteúdo quanto o método de ensino e indica o mandado de segurança como remédio para a proteção constitucional da liberdade de cátedra (Miranda, 1935).[12] Já nos seus comentários à Constituição de 1967/69, além de historiar o texto de 1934, o mesmo autor alerta que, além do direito individual de investigar e opinar, o que não se pode fazer é negar a livre disponibilidade de espírito, indispensável à pesquisa e à meditação científica, *sob pena de absorção do processo gnosiológico pelo político* (Miranda, 1987).[13]

Dentre as Constituições ocidentais contemporâneas, a formulação alemã elenca âmbitos especiais de autonomia: "a arte e a ciência, a investigação e o ensino são livres. A liberdade de cátedra não exime da lealdade à Constituição".[14] Comentando o dispositivo, Hesse é bastante elucidativo:

"A lei fundamental proíbe qualquer tutela, guia ou prejuízo estatal da atividade artística e científica. A ordem liberal, que ela constitui, protege arte, e ciência por sua própria causa; ela garante sua liberdade como pressuposto da função da arte e ciência em uma coletividade liberal.
Liberdade de ciência é liberdade de investigação e ensino: a investigação *científica não deve, em seu método e em seus resultados, ser vinculada a objetivos transcendente-científicos ou a priori ideológicos.*
O mesmo vale para o ensino científico; também a este não devem ser prescritos conteúdos, cuja indagação científica está excluída. A unidade reconhecida no artigo 5º, alínea 3, frase 1, da Lei Fundamental, de ambos, assenta sobre a idéia de que no 'ensino' não só se trata da transmissão de conhecimento técnico, senão da instrução para o pensar científico e juízo científico, da formação para clareza crítica e autonomia espiritual, que somente na familiaridade com a peculiaridade e método de colocação e resolução científicas do problema podem ser ganhas, não por mera apropriação de resultados prontos e, por isso, somente pelo professor investigador autônomo podem ser proporcionadas" (1998: 310; sem grifos no original).

Assim esboçado o conteúdo da liberdade de cátedra na Constituição de 1988, é possível ocupar-se da última e decisiva parte deste estudo: a relação entre a autonomia das universidades confessionais e a liberdade de cátedra.

A RELAÇÃO ENTRE AUTONOMIA UNIVERSITÁRIA, AUTONOMIA DIDÁTICO-PEDAGÓGICA E LIBERDADE DE CÁTEDRA E SUAS CONSEQÜÊNCIAS PARA AS UNIVERSIDADES CONFESSIONAIS

Expostos os elementos fundamentais para a compreensão da posição das universidades confessionais na ordem constitucional e do conteúdo jurídico da liberdade de cátedra, resta examinar a relação entre esses institutos. Desse modo, será possível dimensionar a amplitude da liberdade de cátedra no seio das universidades confessionais, cujo espaço de autonomia conferido pelo ordenamento jurídico deve ser compreendido de modo constitucionalmente adequado.

Nesse contexto, o que se coloca de modo mais urgente para as universidades confessionais é o significado da autonomia universitária diante de seu projeto didático-científico, bem como seus limites diante da liberdade de cátedra. Já para professores e pesquisadores, apresenta-se a dramática experiência de, quando menos, constrangimento e insegurança, quando mais, exclusão e acossamento, ao exercerem suas atividades profissionais em alguns ambientes confessionais.

Em linha de princípio, as universidades confessionais se submetem ao regramento geral aplicável às instituições voltadas à educação superior. Esse dado é primordial para aquilatar o espaço da liberdade de cátedra nas universidades confessionais e a feição que esse princípio constitucional imprime à autonomia universitária. De fato, o ordenamento jurídico brasileiro não só faz menção explícita à liberdade de cátedra, como também a arrola dentre os princípios fundamentais das normas gerais da educação nacional, aos quais, por expressa determinação constitucional, se submete a iniciativa privada quando da atividade de ensino (art. 209, I).

No caso do ensino superior, a autonomia universitária compreende quatro esferas de liberdade institucional (Standler, 2005)[15], destacadas pela Constituição: a autonomia didático-científica, a autonomia administrativa, a gestão financeira e a gestão patrimonial. Naquilo que pertine a esta reflexão, interessa sobremaneira a autonomia didático-científica no seio das universidades confessionais, motivo pelo qual deixo de examinar as demais.

1. A AUTONOMIA DIDÁTICO-CIENTÍFICA E A LIBERDADE DE CÁTEDRA NA JURISPRUDÊNCIA DO SUPREMO TRIBUNAL FEDERAL

Na tradição do Direito brasileiro, considerando especialmente a jurisprudência do Supremo Tribunal Federal, assevera-se de modo claro e textual, inicialmente, a compatibilidade entre autonomia universitária e liberdade de cátedra. Mais ainda, afirma-se a acessoriedade da autonomia universitária em face da liberdade de cátedra. Um sucinto resumo histórico-jurisprudencial demonstra essa conclusão, primordial para a presente investigação.

Na vigência da Constituição de 1946, o STF, ao julgar o Mandado de Segurança n° 5.727/58, deduziu da liberdade de cátedra a autonomia universitária, apontando para a prevalência daquela sobre esta. Sob a mesma Constituição, agora em novo procedimento judicial, o STF mais uma vez fez derivar da liberdade de cátedra a autonomia universitária, concebendo esta como meio para proteção daquela (Mandado de Segurança n° 10.213-DF). Após o advento da Constituição de 1967/69, o STF reafirmou essa diretriz quando discutiu a autonomia financeira. Segundo o tribunal, a razão do exercício dessa autonomia pela Administração universitária objetiva a partilha desses recursos de modo adequado ao atendimento da programação didática, científica e cultural (Recurso Extraordinário n° 83.962/79).

Já em julgamento posterior à Constituição de 1988, na Ação Direta de Inconstitucionalidade n. 51, o tribunal deparou-se com texto constitucional expresso sobre autonomia universitária, que a decompunha nas esferas administrativa, financeira, de gestão e didático-científica, sendo as primeiras, conforme voto do Ministro Celso de Mello, instrumentais em relação à autonomia didático-científica.[16] A utilização da expressão "autonomia didático-científica", nesse contexto, põe a pergunta sobre sua equivalência com a liberdade de cátedra. A resposta é positiva. Nas palavras do Ministro Celso de Mello, pronunciadas nessa Ação Direta de Inconstitucionalidade: "a relação de acessoriedade – que torna ancilares da autonomia didático-científica as de caráter administrativo e financeiro – foi enfatizada pelo egrégio Supremo Tribunal Federal, quando reconheceu que são estas, na realidade, inerentes e imprescindíveis à plena *realização daquela, que se assenta no princípio assecuratório da liberdade de cátedra* (sem grifos no original)." (Brasil, 2006).

Assentada na jurisprudência do STF, a essencial vinculação da autonomia didático-científica à liberdade de cátedra, compete contrastá-la com a autonomia das universidades confessionais. Isso porque se a autonomia constitucional configura garantia da instituição universitária perante a ingerência de terceiros (fenômeno ora identificado como conflito externo), ela também pode dar causa a conflitos internos, onde a autonomia institucional da universidade confessional colide com o direito individual da liberdade de cátedra.

2. A AUTONOMIA DIDÁTICO-CIENTÍFICA DAS UNIVERSIDADES CONFESSIONAIS E A LIBERDADE DE CÁTEDRA

A esta altura da reflexão, impõe-se examinar a relação entre os princípios da autonomia didático-científica das entidades confessionais e a liberdade de cátedra. Trata-se de indagação altamente relevante, dadas a realidade conflitiva já noticiada e a possibilidade de uma leitura da Lei de Diretrizes e Bases da Educação que ponha em contraposição, por exemplo, a liberdade de cátedra e a previsão de autonomia para a fixação de currículos e programas (art. 53, II) ou a competência para a decisão sobre a contratação e a dispensa de professores (art. 53, parágrafo único, inciso V).

Não se postula, aqui, subtrair tais poderes às instituições universitárias, mas sim alertar para os perigos que a liberdade de cátedra enfrenta quando a orientação confessional e ideológica da instituição for exercida visando ao cerceamento da atividade científica e de magistério, seja por meio do banimento de conteúdos, seja pelo recurso extremo da demissão de professores. Diante dessas hipóteses, desafortunadamente nada distantes da realidade, é que se coloca a grave questão sobre o significado e as conseqüências da liberdade de cátedra no seio das universidades confessionais.

De um ponto de vista jurídico-constitucional, deve-se salientar, em primeiro lugar, a jurisprudência do Supremo Tribunal Federal na matéria. Como sublinhado pelo tribunal, a liberdade de comunicação de conhecimentos no exercício do magistério é o fulcro da autonomia didático-científica das universidades; essa autonomia, por sua vez, é principal diante das demais esferas (acessórias) de autonomia dispostas no texto constitucional. Tendo presente tal diretriz, é preciso destacar a proeminência da liberdade de cátedra no sistema constitucional pertinente ao ensino superior como um todo, dada a inspiração democrática que o norteia a exigir autonomia para a ciência em face de objetivos transcendente-científicos ou *a priori* ideológicos.

De fato, no regime democrático consagrado pela Constituição, é salutar a autonomia didático-científica das universidades confessionais. Ela garante a possibilidade de existência de um espaço para o cultivo sério e desinteressado da ciência, onde se assegure o diálogo institucionalizado entre a ciência, a técnica e as artes, de um lado, e, de outro, a filosofia e a teologia – missão a que devem se destinar as universidades confessionais, nas palavras do Conselho Episcopal Latino-Americano (CELAM, 1968; Antoniazzi, 1992). Assim entendida, a legitimidade constitucional das universidades confessionais se relaciona com o valor reconhecido do pluralismo ideológico (CF, art. 206, III), cujo desenvolvimento sério e consistente requer o respeito e a promoção da liberdade de cátedra.

Esse cuidado é ainda mais forçoso diante dos precedentes do Supremo Tribunal Federal, onde a autonomia universitária foi acionada exclusivamente como proteção contra ataques externos à comunidade acadêmica, inexistindo manifestação expressa sobre conflitos internos, quando estes envolvem confessionalidade institucional e liberdade de cátedra individual. A análise da relação entre a autonomia didático-científica e a liberdade de cátedra no seio da instituição universitária confessional deve partir da consideração do conteúdo jurídico das duas normas constitucionais em causa.

Nesse passo, além de se afirmar a acessoriedade da autonomia universitária em face da liberdade de cátedra, destaca-se a vocação de todo o sistema de ensino superior, que é o ensino, a pesquisa e a extensão do pensamento e do conhecimento científicos. O primeiro tópico (relação de acessoriedade da autonomia didático-científico em face da liberdade de cátedra) já foi examinado anteriormente. Detenho-me, agora, nas conseqüências jurídicas da afirmação constitucional da universidade como espaço institucional destinado ao desenvolvimento da atividade científica.

Com efeito, a missão principal atribuída à educação superior na ordem jurídica constitucional é a promoção do conhecimento científico. Isso decorre de uma interpretação literal e finalística não só do texto do artigo 207 da Constituição de 1988, como também do texto do artigo 43 da Lei de Diretrizes e Bases da Educação Nacional. No que pertine especificamente a essa investigação, vale ressaltar que a autonomia consagrada constitucionalmente às instituições universitárias, sejam elas públicas ou privadas, é a autonomia *didático-científica*.

Não se trata, portanto, de uma autonomia para qualquer ato. Muito menos de uma esfera arbitrária ou discricionária do poder de autogestão da instituição universitária, visando a objetivos outros que não relativos ao ensino, à pesquisa e à extensão do conhecimento científico. A autonomia, aqui, é um poder-dever destinado à consecução da atividade *didático-científica*. Vale dizer, todo exercício de poder *interna corporis* que desborde dessa missão ou, pior ainda, que a contrarie direta ou indiretamente, configura desvio de finalidade, vício deslegitimador do ato praticado.

Esse conteúdo é decisivo para a análise da relação entre a autonomia universitária do ente confessional e a liberdade de cátedra. Na esteira do que já afirmou o Supremo Tribunal Federal, a autonomia didático-científica é acessória à liberdade de cátedra, garantia fundamental mais relevante para o desenvolvimento da ciência. Daí se pode concluir que a autonomia institucional da universidade confessional, no regime constitucional brasileiro, não autoriza, antes pelo contrário, repele, interpretações que tentem legitimar uma liberdade de agir visando à proteção de fins religiosos ou ideológicos, fins "transcendente-científicos ou *a priori ideológicos*", na retrocitada expressão de Hesse (Hesse, 1998).

Do contrário, estar-se-ia colocando em risco, de modo grave, o desenvolvimento da ciência, pela negação, agora nas palavras também já reproduzidas de Pontes de Miranda, da livre disponibilidade de espírito, indispensável à pesquisa e à meditação científica, sob pena de absorção do processo gnosiológico pelo político. Nesse contexto, às universidades confessionais compete a importante tarefa de criar um ambiente onde a ciência seja cultivada seriamente e onde se assegure, simultaneamente, o diálogo institucionalizado entre a ciência, a técnica e as artes, de um lado, e de outro, a filosofia e a teologia. Trata-se, pois, do poder-dever de constituir um ambiente científico, não uma instituição religiosa, passível de exercício e titularidade por entidades com determinada orientação religiosa ou ideológica.

Em suma: mais que conflito, a relação entre a autonomia didático-científica e a liberdade de cátedra no seio das universidades confessionais reclama harmonização, na medida em que: 1. a autonomia universitária é acessória da liberdade de cátedra e 2. o poder de autogestão constitucionalmente assegurado diz respeito, precisamente, ao desenvolvimento da ciência, não à propagação da fé religiosa ou à convicção ideológica da instituição.

Essa compreensão informa, ademais, uma interpretação conforme a Constituição do artigo 20, inciso III, da Lei n. 9.394/1996. Nele está estampada a definição legal das instituições privadas confessionais de ensino superior, como aquelas "instituídas por grupos de pessoas físicas ou por uma ou mais pessoas jurídicas que atendem a orientação confessional e ideologia específica". O caráter confessional, aqui, tem de ser entendido como adjetivação de instituição universitária, vale dizer, como declaração de afiliação religiosa por parte de entidade universitária que, logicamente, só encontra legitimidade jurídica na medida em que busca o desenvolvimento da ciência, conforme visto acima. Doutro modo, compreensão diversa significaria violação simultânea dos princípios jurídicos da liberdade de cátedra e da autonomia didático-científica, normas basilares no ordenamento constitucional do ensino superior.

2.1. Regime jurídico decorrente da autonomia didático-científica e da liberdade de cátedra

Assentada a relação de compatibilidade e complementaridade entre liberdade de cátedra e autonomia didático-científica, é importante desenvolver alguns parâmetros normativos para o exercício desses direitos, visando ao enfrentamento de realidades conflitivas e ao aperfeiçoamento da vida acadêmica. Sem qualquer pretensão exaustiva, tais parâmetros sugerem concretizações dos princípios da liberdade de cátedra e da autonomia das universidades confessionais agrupáveis a partir da universidade confessional e da situação dos professores e pesquisadores.

Nessa tarefa, cuida-se de evitar, quando possível, e de propor soluções, quando necessário, para algumas situações em que liberdade de cátedra e autonomia didático-científica são vivenciadas de modo conflitivo. Ora, quando entram em cena princípios jurídicos passíveis de conflito, a hermenêutica jurídica constitucional vale-se dos preceitos da unidade da Constituição e da concordância prática. Assim, tomando a Constituição na sua globalidade e buscando harmonizar as tensões existentes (Canotilho, 1997), devem-se vislumbrar a liberdade de cátedra e a autonomia das universidades confessionais de modo que, nas situações de conflito interno, nenhum desses princípios seja desconsiderado. Ao mesmo tempo, impõe-se buscar uma solução para os conflitos internos que coordene liberdade de cátedra e autonomia universitária confessional, evitando o sacrifício total de um em relação ao outro (Canotilho, 1997), sem esquecer a relação de acessoriedade e complementaridade entre esses princípios.

Considerando essas diretrizes metodológicas e a relação entre as respectivas normas constitucionais, podem ser vislumbradas algumas concretizações, aptas a evitar conflitos e a preservar o conteúdo dos princípios constitucionais referidos.

Do ponto de vista da *autonomia universitária:*

1. a proibição de dispensa de professores em face de divergência ideológica diante das convicções do professor, sob pena de violação das liberdades fundamentais de opinião, de convicção filosófica e política, e de religião;

2. a proibição de preterição de candidato em processo de contratação de professores em virtude do mesmo motivo acima mencionado;

3. a proibição de exclusão de conteúdo e de investigação de temas pertinentes aos cursos e pesquisas dirigidas pelo professor, em virtude de divergência ideológica, sob pena de violação frontal da liberdade de cátedra;

4. o dever de não restringir os conteúdos dos cursos e programas à exposição unilateral dos pontos de vista mais confortáveis à orientação confessional, bem como a promoção do pluralismo de idéias e de concepções pedagógicas, o respeito à liberdade e o apreço da tolerância (Lei n. 9.394, art. 3°, III e IV).

A inobservância desses parâmetros pode configurar exercício arbitrário da autonomia didático-científica, divorciado da finalidade da norma constitucional que protege as instituições confessionais. Em tais hipóteses, a conduta institucional conduz à perda de legitimidade constitucional da autonomia universitária, por configurar violação desse verdadeiro poder-dever que a norma da autonomia universitária prevê. Tais desrespeitos ensejam, em tese, a intervenção legítima dos poderes públicos, seja pela fiscalização e sanção administrativas, seja pela provocação de medida judicial.

Do outro lado, considerando a *liberdade de cátedra*, há que se atentar para:

1. o dever de observar a autonomia didático-científica da universidade confessional, não omitindo conteúdos e temas científicos relevantes para a orientação confessional e ideológica da instituição universitária, desde que previstos no currículo proposto pelos órgãos universitários competentes e relacionados com o desenvolvimento da ciência;

2. o dever de respeitar as convicções confessionais e ideológicas peculiares da instituição universitária, bem como sua organização peculiar, abstendo-se de uma postura de combate e antagonismo pessoais ante tais características (trata-se, no Direito francês, do denominado "dever de reserva" dos professores empregados junto ao ensino confessional (Favoreu, 1995));[17]

3. a proibição da crítica não-científica, unilateral, sem demonstração conceitual e sistemática, que, sem razões contrárias, não é controlável para os estudantes, no que se refere aos conteúdos e pontos de vista relevantes para a orientação confessional do estabelecimento de ensino;

4. o dever de tratar cientificamente os conteúdos e pontos de vista relevantes para a orientação confessional, previstos no currículo dos cursos e programas oferecidos, o que implica a obrigação de observar o método científico e a objetividade no desenvolvimento desses temas, bem como a manifestação dos pressupostos ideológicos e sociais dos quais eles se derivam.

Por sua vez, a inobservância desses parâmetros por parte de professores e pesquisadores desqualifica sua participação na comunidade acadêmica, configurando uma violação de seu estatuto ético e profissional.

CONCLUSÃO

Liberdade de cátedra e autonomia universitária são princípios jurídicos cardeais para o desenvolvimento da vida acadêmica nacional. Tendo em vista que eles se relacionam diretamente com o valor do pluralismo e com a necessidade do progresso do conhecimento científico na realidade brasileira, é mais que imperiosa uma adequada compreensão jurídica de cada um e, especialmente, da relação entre eles. De outro modo, perderão os ambientes universitários e a sociedade como um todo, uma vez que a pesquisa e a reflexão não podem se sujeitar à submissão ou ao controle ideológicos ou confessionais, sob pena de aniquilamento da ciência e do desvirtuamento da autonomia universitária, princípios importantes não só para a concretização da Constituição, como também para o avanço da democracia entre nós.

NOTAS

[1] Uma descrição das condições em que foi demitida a referida professora pode ser encontrada em Associação Americana para o Progresso da Ciência, organização dedicada ao avanço da ciência e que monitora, dentre outras atividades, ameaças e ofensas à liberdade de pesquisa e de desenvolvimento da ciência (AAAS, 2005).
[2] Dispõe a Constituição brasileira de 1988: "Art. 209. O ensino é livre à iniciativa privada, atendidas as seguintes condições: A Constituição republicana de 1946 também era clara a respeito, rezando seu artigo 167 que "o ensino dos diferentes ramos será ministrado pelos poderes públicos e é livre à iniciativa particular, respeitadas as leis que o regulem". A Constituição de 1967, com a Emenda n. 1/69, artigo 176, parágrafo 2º, dispunha que "respeitadas as disposições legais, o ensino é livre à iniciativa particular, a qual merecerá o amparo técnico e financeiro dos Poderes Públicos, inclusive mediante bolsas de estudos".
[3] Na mesma linha segue a ordem constitucional alemã, ao estatuir, no artigo 7, item 4, que "é garantido o direito à criação de escolas privadas*.
[4] Nesse sentido, Jorge Miranda alerta para os riscos do monismo ideológico e do centralismo burocrático que decorreriam da interdição do ensino privado, bem como para a liberdade de ensino como manifestação da liberdade familiar, da liberdade de religião e de convicções e da liberdade de criação cultural (1988: 368).
[5] A expressão utilizada por João Barbalho, em seus comentários à primeira Constituição republicana brasileira (1891), é a do alerta contra os perigos da "idéia do Estado-professor" (1924: 185).

[6] Conforme a dicção legal, instituições privadas de ensino são aquelas instituídas e mantidas por uma ou mais pessoas físicas ou jurídicas de direito privado que não sejam comunitárias ou confessionais (Lei n. 9.394/96, art. 20, I).

[7] Instituições privadas comunitárias são aquelas instituídas por grupos de pessoas físicas ou por uma ou mais pessoas jurídicas, inclusive cooperativas de professores e alunos, que incluam na sua entidade mantenedora representantes da comunidade (Lei n. 9.394/96, art. 20, II).

[8] O substantivo confessionalidade, conforme Osvaldo Henrique Hack (2003), é neologismo de origem latina, e tem sentido de declarar, confessar, revelar algo, seguir um sistema de doutrina, identificando as marcas ou sinais religiosos de uma instituição.

[9] Para uma abordagem sistemática do ensino superior no regime da Lei n. 9.394/96, ver Nina Beatriz Ranieri (2000).

[10] O artigo 206, III, da Constituição de 1988 é claro acerca da necessidade do pluralismo na esfera educacional, ao elencar como princípios o "pluralismo de idéias e de concepções pedagógicas, e coexistência de instituições públicas e privadas de ensino".

[11] Antecedentes constitucionais brasileiros podem ser encontrados na Constituição de 1934 (cujo artigo 155 era textual ao garantir "a liberdade de cátedra") e na Constituição de 1967/69, art. 176, VII ("liberdade de comunicação de conhecimentos no exercício do magistério, ressalvado o disposto no art. 154").

[12] Dispõe o artigo referido: "É garantida a liberdade de cátedra".

[13] Laurence Tribe (1988: 1318), ao expor os direitos de privacidade e personalidade no constitucionalismo estadunidense, utiliza-se de expressão equivalente (*freedom of inquiry*) ao "direito de investigar", com que também se preocupou Pontes de Miranda.

[14] Lei Fundamental de Bonn, art. 5, item 3.

[15] Ronald Standler (2005) fornece um conceito de liberdade acadêmica institucional no direito estadunidense como o espaço reservado à universidade na seleção dos professores e estudantes, bem como questões curriculares, tais como o conteúdo dos currículos. Ela não protege professores individualmente de demissão em virtude de visões heterodoxas, embora proteja professores de demissão por legisladores e políticos.

[16] Nessa passagem, o Ministro Celso de Mello cita Caio Tácito: "na autonomia universitária o que está em causa é o princípio mais alto da liberdade do ensino, que é uma das facetas da liberdade de expressão do pensamento" (RTJ 148/13) - isso não está nas referências bibliográficas.

[17] Nesse sentido, situa-se a decisão do Conselho Constitucional francês, ponderando a liberdade de ensino privado e a liberdade de consciência dos professores dessas instituições (Decisão 77-87 DC).

REFERÊNCIAS BIBLIOGRÁFICAS

ANTONIAZZI, Alberto. A confessionalidade na Universidade Católica. **Revista do Conselho Geral das Instituições Metodistas de Ensino**, Ano 1, n. 1, 1992.
AMERICAN ASSOCIATION FOR THE ADVANCEMENT OF SCIENCE. **AAAS Science and Human Rights Program**. Disponível em: http://shr.aaas.org/aaashran/alert.php?a_id=236. Acesso em: 25 nov. 2005.
BARBALHO, João. **Constituição Federal Brasileira – Commentarios**. 2 ed., Rio de Janeiro: F. Briguiet e Cia Editores, 1924.
BASTOS, Celso Ribeiro; MARTINS, Ives Gandra. **Comentários à Constituição do Brasil:** promulgada em 5 de outubro de 1988, São Paulo: Saraiva, 1998.
BRASIL. Supremo Tribunal Federal. Mandado de Segurança nº 10.213 – DF. Requerente: Manuel Rodrigues Filho. Relator Ministro Victor Nunes. Brasília, 14 de dezembro de 1962. Disponível em: http://www.stf.gov.br/jurisprudencia/IT/frame.asp?classe= MS&processo=10213&origem=IT&cod_classe=376. Acesso em: 10 de abril de 2006.
BRASIL. Supremo Tribunal Federal. Autonomia universitária. Recurso extraordinário nº 83962-79. Recorrente: Universidade de São Paulo. Recorrido: Estado de São Paulo. Relator: Soares Munoz. São Paulo, 17 de abril de 1979. Disponível em: http://stf.gov.br/jurisprudencia/Itframe.asp?classe=RE&processo= 83952&origem=IT&cod_classe=437 Acesso em: 10 de abril de 2006.
BRASIL. Supremo Tribunal Federal. Universidade federal. Autonomia (art. 207, C.F.). Ação Direta de Inconstitucionalidade nº 51-9. Requerente: Procurador-Geral da República. Requerido: Conselho Universitário da Universidade do Rio de Janeiro. Relator: Paulo Brossard. Brasília, 25 de outubro de 1989. Disponível em: http://www.stf.gov.br/jurisprudencia/IT/. Acesso em: 10 de abril de 2006.
CANOTILHO, José Joaquim Gomes. **Direito Constitucional e Teoria da Constituição.** Coimbra: Almedina, 4 ed., Coimbra: 1997.
CONSELHO EPISCOPAL LATINO-AMERICANO. **Os Cristãos na Universidade.** Petrópolis: Vozes, 1968.
FAVOREU, Louis Favoreu; PHILIP, Loïc. **Les grandes décisions du Conseil constitutionnel**. 8 ed., Paris: Dalloz, 1995.
HACK, Osvaldo Henrique. **Raízes cristãs do Mackenzie e seu perfil confessional.** São Paulo: Editora Mackenzie, 2003.
HESSE, Konrad. **Elementos de Direito Constitucional da República Federal da Alemanha**, Porto Alegre: SAF, 1998.
MIRANDA, Jorge. **Manual de Direito Constitucional**, Coimbra: Coimbra Editora, 1988.
MIRANDA, Pontes de. **Comentários à Constituição da República dos Estados Unidos do Brasil**, Tomo II. Rio de Janeiro: Editora Guanabara, 1935.
____. **Comentários à Constituição de 1967 com a Emenda n. 1, de 1969**. Forense: Rio de Janeiro, 1987.
MOTT, Rodney. **Due Process of Law** – A Historical and Analytical Treatise of the Principles and Methods Followed by Courts in the Application of the Concept of

the 'Law of the Land'. New York: Da Capo Press, 1973.

PIMENTA BUENO, José Antônio. **Direito Público Brazileiro e Analyse da Constituição do Império.** Rio de Janeiro: Typographia Imp. e Const. de J. Villeneuve, 1857.

RANIERI, Nina Beatriz. **Educação Superior, Direito e Estado na Lei de Diretrizes e Bases (Lei n. 9.394/96).** São Paulo: Editora da USP, Fapesp, 2000.

ROBERT, Jacques. **Droit de L'Homme et Libertés Fondamentales.** 6 ed., Paris: Montchrestien, 1996.

SAMPAIO, Anita Lapa Borges. **Autonomia Universitária:** um modelo de interpretação e aplicação do art. 207 da Constituição Federal. Brasília: Editora da UnB, 1998.

SILVA, José Afonso. **Curso de Direito Constitucional Positivo.** São Paulo: RT, 1992.

STANDLER, Ronald. **Academic Freedom in the USA.** Disponível em: www.rbs2.com/afree.htm. Acesso: em 21 mar. 2005.

TRIBE, Laurence. **American Constitutional Law.** Mineola: The Foundation Press, 1988.

YUDOF, Mark. Pierce v. Society of Sisters. In: HALL, Kermit. **The Oxford Companion to the Supreme Court of the United States.** New York: Oxford University Press, 1992.

CAPÍTULO 5

A liberdade de cátedra universitária face à interpretação do conceito de autonomia didático-científica: uma abordagem jurídico-administrativa

Luiz Henrique Urquhart Cademartori

INTRODUÇÃO

Para discutir o tema da liberdade de cátedra nas instituições de ensino superior no Brasil, o presente artigo parte de um enfoque jurídico-administrativo e centra a análise no conceito de autonomia. As razões para essa escolha se devem ao fato de que uma das condições para a realização da idéia de liberdade de cátedra é de que seja explicitado o sentido e abrangência dessa liberdade. Isso se traduz na necessidade de se estabelecerem os marcos delimitadores de uma atividade que se pretenda livre, sob um modelo de Estado Regulador ou Gestor que se organiza, administrativamente numa estrutura descentralizada. Muitas vezes esse modelo provoca uma confusão sobre as noções de liberdade, independência, descentralização e autonomia, face à existência de entes públicos ou privados que exercem funções públicas, ainda mais quando tais funções são outorgadas ao âmbito privado.

Para tanto, uma análise a respeito do contexto de organização estatal no qual se desenvolve uma nova Administração Pública e suas diversas formas de interação com os atores sociais se fará necessária. Nessa dimensão de análise, será importante destacar os setores privados que levam a efeito funções públicas, tais como a da educação e a da pesquisa científica, e salientar em que medida tais atividades sujeitam-se a formas de controle institucional, em sentido amplo, no âmbito do Poder Público, e estrito, no âmbito das próprias instituições de ensino.

Entretanto, o que se pretende demonstrar é que a noção de autonomia administrativa decorrente das entidades descentralizadas, públicas ou privadas, que exploram a educação não se confunde com a noção de autonomia didático-científica das universidades. Esta última é inerente aos professores e pesquisadores face à própria instituição de ensino e também ao Estado. Ao delimitar-se com maior clareza o sentido que assume o conceito de autonomia didático-científica, restará igualmente esclarecido o sentido e delimitação da liberdade de cátedra, como decorrência da liberdade de investigação científica.

Tal análise revela-se pertinente quanto à questão da liberdade de cátedra no ensino superior, devido ao polêmico debate sobre a real abrangência da autonomia universitária nos termos instituídos pela Constituição Federal: "Art. 207 – As universidades gozam de autonomia didático-científica, administrativa e de gestão financeira e patrimonial e obedecerão ao princípio da indissociabilidade entre ensino, pesquisa e extensão" (Brasil, 2003).

Embora a legislação infraconstitucional já tivesse tratado da autonomia universitária, a Constituição Federal de 1988 a consagrou como um dos princípios norteadores da política de ensino superior, além da tríplice vinculação entre ensino, pesquisa e extensão.

É importante ressaltar também que, embora seja dever do Estado brasileiro, o ensino, em qualquer um de seus níveis, não é atividade exclusivamente estatal e obedece a certos princípios, previstos no artigo 206 da Constituição Federal, do qual se destaca o inciso III: "...pluralismo de idéias e de concepções pedagógicas, e coexistência de instituições públicas e privadas de ensino..." (Brasil, 2003). Esta última determinação de abertura ao ensino privado é ainda reforçada, quanto ao ensino superior, no artigo 209 da Constituição Federal, que estabelece que: "...o ensino é livre à iniciativa privada, atendidas as seguintes condições: I - cumprimento das normas gerais da educação nacional; II - autorização e avaliação de qualidade pelo Poder Público..." (Brasil, 2003).

A despeito da aparente clareza dos mandamentos constitucionais, tanto no que se refere à liberdade de atuação da iniciativa privada, quanto no que se refere à liberdade do pesquisador para ministrar e difundir o conhecimento sem amarras ideológicas ou religiosas, pode-se dizer que é quanto à abrangência desta segunda diretriz que se desenvolve uma polêmica. Isso, por sua vez, pressupõe o desenvolvimento de padrões de delimitação mais precisos, ou ao menos uma interpretação mais elucidativa, precisamente em função da idéia de autonomia universitária, a qual não se confunde, apesar do que se constata na prática, com poderes ilimitados, soberania ou independência face aos mecanismos de controle estatais.

Por outra parte, a autonomia didático-científica também não se confunde com as formas de liberdade vigiada que caracterizam os entes descentralizados da Administração Pública, os quais respondem diretamente ao ministério vinculado à sua área de atuação e os quais encontram-se sob as estritas normas da área em questão. Tais padrões de controle exercidos pela Administração Direta também valem para as entidades privadas que exploram funções públicas, como no caso do ensino superior e da pesquisa científica.

O SENTIDO DIFUSO DO CONCEITO DE AUTONOMIA E SEUS PARÂMETROS DE INTERPRETAÇÃO

A relevância e a dificuldade em analisar uma categoria tal como a da autonomia decorre, fundamentalmente, do caráter plurissignificativo desse conceito, bem como de suas várias dimensões de aplicação, sejam elas políticas, jurídicas ou didático-científicas.

Assim é que, segundo alguns autores, a expressão 'autonomia' é tachada de "palavra-camaleão". Ela tem ampla polissemia, sendo que lhe é atribuída mais de uma dezena e meia de significados diferentes. Por vezes, ela é confundida com independência e soberania; outras vezes, é confundida com a noção de descentralização (Amaral, 2000). Do ponto de vista etimológico, a palavra 'autonomia' é um termo composto, por meio do qual se representa a capacidade de um determinado grupo ou ente de especificar suas próprias regras, vale dizer, sua capacidade de se autonormatizar.

Entretanto, a autonormatização não é o único atributo da autonomia; por ela também perpassa a noção de autogoverno. Neste ponto, cumpre salientar que existe um viés jurídico-administrativo e outro de cunho político nos empregos mais usuais do termo 'autonomia'. No entanto, para efeitos de análise da autonomia de entidades de ensino, seja qual for a sua natureza, face aos órgãos superiores de controle das políticas de educação, o sentido usualmente empregado é o jurídico-administrativo. Portanto, para esclarecer tais dimensões de análise e interpretação da expressão 'autonomia universitária', serão observadas mais detidamente as diferenças de abordagem de autonomia política e de autonomia administrativa para, em seguida, traçar um caminho de análise e interpretação da autonomia didático-científica universitária, iniciando-se pela primeira forma.

Com efeito, no âmbito político, a autonomia está relacionada com o grau de liberdade de atuação que se confere a entes políticos internos, dentro de um modelo estatal federado. Nesse contexto, a relação entre autonomia política e descentralização decorre do modelo de Estado Federado, tal como é o caso da República Federativa do Brasil. Assim, os entes que compõem o Estado brasileiro – União, estados-membros, Distrito Federal e municípios –, por constituírem unidades descentralizadas, apresentam, segundo Merlin Clève, capacidade de: 1. auto-organização, vale dizer, capacidade de se auto-organizar de forma instituída, seja por constituições estaduais, no caso de estados-membros, ou por leis orgânicas, no caso de municípios e Distrito Federal; 2. capacidade de autogoverno, que consiste na possibilidade da sua população de escolher o governante local por meio do voto; 3. capacidade de autolegislação, que atribui à unidade federada o poder de editar suas próprias leis, dentro da delimitação de competências que a Constituição Federal estatui; 4. capacidade de auto-administração, que consiste na faculdade do ente federado de dispor sobre a administração de seus serviços, assim como sobre os seus agentes públicos, podendo criar os órgãos que julgar necessários e até mesmo pessoas jurídicas de Direito Público ou Privado com funções administrativas, investindo nos cargos e contratando para os empregos aqueles agentes que, por disposição normativa, forem considerados aptos. Observe-se que aqui se trata de autonomia política exercida em caráter interno ao Estado, pois este, no âmbito externo, se apresenta como soberano e independente (Cléve, 1993).

Do ponto de vista jurídico-administrativo, a atividade administrativa se diferencia da atividade política, fundamentalmente, pelo caráter de submissão e execução técnica das diretrizes políticas consagradas na Constituição e nas leis. É, portanto, no âmbito político que residem noções tais como a de independência de poder que não se submete a nenhum comando superior. Por essa razão, a independência é característica própria dos órgãos governamentais, a qual é atribuída pela Constituição, sendo que os órgãos independentes fiscalizam-se entre si nos limites fixados constitucionalmente. De outra parte, os entes autônomos exercem sua autonomia administrativa, financeira e técnica, dentro dos parâmetros fixados pelos órgãos independentes. Assim como se observa uma descentralização de cunho político, nos termos já mencionados, dentro de cada uma das unidades políticas do Estado verifica-se uma descentralização de cunho eminentemente administrativo.

No modelo brasileiro e com base no Decreto-Lei n. 200 de 1967, a descentralização puramente administrativa pressupõe a divisão de atribuições entre entidades autônomas e sem poder político, em uma estrutura baseada na Administração Direta – formada pelos órgãos de cúpula do Poder Executivo com capacidade política e na Administração Indireta – formada por entidades tais como as autarquias de ensino superior, que também podem se apresentar sob a forma de fundações públicas – sendo que a autonomia é o atributo típico de tais entidades.[1] Isso porque elas atuam sob uma espécie de liberdade vigiada dentro de limites legais, por meio de um sistema de controle finalístico e não-hierárquico pela razão de que todo ente ou entidade, por deter personalidade jurídica própria, não se submete a controle hierárquico e sim à tutela ou supervisão.[2]

A descentralização pressupõe divisões de atribuições, autonomia do ente ou entidade descentralizada, e personalidade jurídica destes separada do ente central, o qual estabelece formas de controle ou tutela sobre as unidades descentralizadas, focalizando apenas o cumprimento das finalidades legais a que elas devem atender (Cademartori, 1999). Entretanto, as formas de descentralização podem ter um caráter interno, dentro da estrutura estatal, por exemplo, na divisão entre Administração Direta e Indireta do modelo brasileiro, ou externo, vale dizer, quando voltada para unidades de atuação não-estatal, conforme se verá a seguir.

O PAPEL DAS ENTIDADES PRIVADAS DE ENSINO SUPERIOR FACE AO ESTADO REGULADOR

Quanto ao papel das entidades privadas que exploram a educação superior, tais como as universidades confessionais, é preciso observar que, no âmbito de uma atribuição tipicamente estatal como é o ensino, a realidade organizacional do Estado está voltada para um papel regulador, e não mais prevalentemente para a intervenção direta nos âmbitos sociais e econômicos dos administrados. Essa nova perspectiva atende ao modelo do "público não-estatal", em que o papel principal do Poder Público é o de fixar os marcos regulatórios para as atividades que eram antes desempenhadas diretamente pelo Estado e que agora têm sua execução transferida ao setor privado sob controle finalístico ou de metas exercido pelo Estado.

Assim é que o artigo 175 da Constituição Federal torna possível a transferência dos serviços públicos em geral, dentre os quais está a educação, aos particulares. Nesse caso, é explícita a permissão constitucional para o ensino privado, conforme o inciso III do artigo 206 da Constituição Federal. Isso significa que, embora o ensino seja um serviço público, cuja titularidade é irrenunciável por parte do Estado, a sua consecução pode ficar a cargo de entidades públicas ou privadas. Nesse âmbito, as instituições de ensino superior, tais como as universidades confessionais, representam, juntamente com ONGs e outras organizações da Sociedade Civil, um terceiro setor, o qual ganhou imensa projeção em decorrência desse novo contexto de Estado Gestor ou Regulador que suplanta tanto o Estado Burocrático abstencionista no âmbito sócio-econômico – emergente no século XIX, que em termos de designação política chama-se Liberal ou Legislativo –, quanto o Estado Social ou Providência, de cunho fortemente interventor em meados do século XX.[3]

A NOVA ADMINISTRAÇÃO PÚBLICA E A DIMENSÃO DO PÚBLICO NÃO-ESTATAL

Para melhor elucidar a questão referente ao modelo de Estado sob o qual se desenham a nova Administração Pública e as formas de fiscalização das atividades quando executadas por entidades descentralizadas, públicas ou privadas, é preciso observar a questão sob o ponto de vista de uma mudança em escala mundial: sobre como a globalização terminou por influir nas formas de organização interna dos Estados nacionais. Nesse novo contexto, a nova Administração Pública não mais se ajusta ao modelo explicativo de cunho hegeliano, típico da modernidade, que estabelecia uma nítida divisão entre a sociedade civil, de um lado, encarada como o reino da atuação, produção e circulação da economia e da cultura e, de outra parte, o Estado, como unidade política e de atuação judiciária e administrativa (Cademartori, 2003). Nesse modelo tradicional, a mediação entre essas instâncias se dava por meio da sociedade burguesa, a qual assumia um papel de centralidade econômica e cultural da vida social.

Da mesma forma, a atual Administração Pública não responde mais ao modelo puramente weberiano de administração racional, centrada na contínua mediação temporal e situada sob um prisma de legitimidade da atividade política e administrativa baseada na legalidade. Essas características, paulatinamente, vão sendo substituídas por diretrizes que determinam que a administração dos fins políticos deve se separar da administração dos meios burocráticos, ao contrário do modelo descrito por Weber, o qual tendia a tornar coerentes os meios burocráticos e os fins políticos (Weber, 1994).

Sob o atual modelo político-administrativo, a lógica da atividade linear operada na relação meio (função pública) e fins (objetivo ou finalidade pública) é substituída por uma lógica diferencial e multifuncional, atendendo a situação social ou grupo com que se travam relações. Pode-se exemplificar esse fenômeno ao observar que a Administração Pública abandona o seu papel de mera executora e representante de órgãos políticos centralizados e torna-se mais autônoma na medida em que passa a interagir por meio de acordos e atos unilaterais com os diversos grupos sociais, sejam grupos de comerciantes, de trabalhadores, ou grupos étnicos ou religiosos (Hardt, 2001). Nesse último exemplo, situa-se, dentre outras formas de transferência de atividades, o papel delegado, no âmbito do ensino, às universidades confessionais.

Considerando-se esse aspecto, o papel da religião no âmbito da educação é um elemento a mais dentro do complexo jogo de entrecruzamentos público-privado, agora sob um contexto de mudança de paradigma político-estatal. Para melhor contextualizar essa questão, torna-se necessário observar os processos de mudança do paradigma político-estatal cujas características se vislumbravam nas noções de Nação Soberana em direção a um paradigma político globalizado e de segmentações sociais – Estado em transformação, descentralização política e controle finalístico e fragmentado da atividade administrativa.

No Brasil, adotou-se uma versão local de reforma estatal visando melhor adequar os mecanismos de organização e ação do poder político em consonância como o novo paradigma mundial de poder. Assim é que se efetivou uma espécie de reforma administrativa por meio da Emenda Constitucional n. 19, de 1998, que teve na sua estruturação de mudanças três esferas de incidência: política, técnica e jurídica.[4] No âmbito político, conforme se frisou, a reforma visou superar o modelo de Estado burocrático, típico da modernidade e de perfil weberiano, que enfatiza a centralização do poder político e administrativo e se situa numa estrutura hierarquizada de comando sobre suas atividades, substituindo-o pelo chamado Estado Gestor ou Regulador, mais condizente com a nova realidade.

Assim é que, no modelo estatal anterior, existia uma rígida separação entre as esferas pública e privada, ou seja, em um dos pólos estava o detentor do poder político, soberano apoiado no império da lei, que ditava as políticas a serem executadas pelo subordinado hierárquico, o qual por sua vez se apresentava como funcionário administrativo, tecnicamente qualificado e, em função disso, diferenciado de qualquer profissão privada. Em outro pólo, existia uma hierarquia fixa, nas instâncias de atuação do poder estatal, caracterizada pelo acompanhamento de cada etapa dos processos de decisão administrativa por parte do superior hierárquico sobre seus subordinados, além das demais características dessa forma de poder, a saber: 1. fiscalização direta e imediata das atividades; 2. possibilidade de avocação dos atos dos subordinados; 3. possibilidade de puni-los disciplinarmente; e 4. poder de rever, revogar, anular ou substituir decisões dos mesmos, por meio de ofício ou via recurso administrativo, dentre outras formas.

No modelo gerencial ou regulador de Estado, ao contrário do anterior, a tendência é a de superar a clássica dicotomia público-privado, bem como a de relativizar a citada centralização hierárquica, na medida em que se observa um entrecruzamento e uma pluralização de instâncias de atuação administrativa e de agentes privados, sob o discurso do público não-estatal. As privatizações em massa de setores do Estado, não somente aqueles ligados às atividades econômicas como também aqueles ligados às empresas prestadoras de serviços públicos, tais como as de telecomunicação, atestam isso. Para tanto, criaram-se agências reguladoras, sob a forma jurídica de autarquias em regime especial, destinadas a fiscalizar tais atividades, cuja titularidade, por imposição constitucional, é pública, mas cuja execução, a partir das privatizações, passa a ser realizada por entidades privadas.

A realização de atividades públicas por entidades privadas apresenta-se como parte dessa versão governamental de um discurso público não-estatal que possui outras vertentes, tais como a de ir além de um mero controle e direcionar-se à efetiva participação da sociedade nas atividades do Estado, o que pressuporia um passo adiante na transição do regime de democracia representativa para o regime de democracia participativa. Os programas de orçamento participativo ou mesmo leis tais como o Estatuto da Cidade, que dispõe, dentre outros temas, sobre os mecanismos de participação direta da comunidade nas medidas a serem adotadas na política urbana municipal, são alguns exemplos desse fenômeno (Brasil, 2001).

No âmbito de setores tais como a Educação, também se verifica o desenvolvimento de mecanismos de transferência – em escala maior – do encargo de inclusão social no ensino superior ao setor privado. Isso se realiza através de programas de incentivos fiscais direcionados às instituições privadas que ampliem o número de vagas para estudantes. É precisamente nesse setor que a prestação de contas à sociedade é o traço fundamental e diferenciador do sentido da autonomia didático-científica a ser analisado mais adiante. Pelo que se percebe, na esteira de tais mudanças de paradigmas estatais, os processos de ação hierárquica, embora não tenham sido extintos, são complementados com processos de controle finalístico das diversas funções públicas efetuados pela atividade administrativa. Entre tais funções públicas, que antes eram diretamente prestadas pelo Estado, estão, por exemplo, saúde, educação, previdência e assistência social.

É na fixação de marcos regulatórios para essas funções que o Estado Gestor ou Regulador, sob o qual se estrutura a nova Administração Pública, baseia sua atuação. A fixação de tais marcos diz respeito à formulação de parâmetros de fiscalização da execução de tais atividades, quando estas são transferidas ao setor privado. A sua titularidade, porém, continua a ser do Estado, o qual traça os termos de tais transferências – normalmente, por meio de contratos de concessão, quando se trata de atividades dependentes de prévia licitação, ou por meio de autorizações, quando se trata de serviços públicos tais como saúde e educação. Quanto à fiscalização material de tais atividades, estas são conferidas às agências reguladoras, autarquias especialmente criadas para tais fins, embora âmbitos tais como o da educação tenham seu controle finalístico ainda exercido via ministerial.

Um outro exemplo de atividade reguladora encetada pela Administração Pública encontra-se na figura dos já mencionados contratos de gestão, consagrados na Reforma Administrativa no § 8º do artigo 37 da Constituição Federal.[5] Os contratos de gestão mencionados nesse dispositivo podem ser travados não somente com pessoas jurídicas integrantes do aparato administrativo estatal, como também com pessoas jurídicas alheias a ele. Neste segundo caso, existe previsão legal estatuída na Lei Federal n. 9.637/98, que trata das chamadas Organizações Sociais, as quais já existem sob outras denominações jurídicas e são entidades não-lucrativas de Direito Privado, como fundações comunitárias e/ou associações civis. Essas entidades, a partir da celebração do contrato de gestão, passam a qualificar-se como Organizações Sociais visando formar parcerias com o Setor Público para executar as atividades de saúde, educação, pesquisa científica e proteção e preservação do meio ambiente. Saliente-se que esses são apenas exemplos das atuais formas de interação público/privado em setores de interesse social. Outra forma legalmente admitida ocorre através da concessão de bolsas de pesquisa científica via entidades federais, tais como CAPES e CNPq, e via entidades estaduais, como em São Paulo o faz a FAPESP.

O SENTIDO DA AUTONOMIA DIDÁTICO-CIENTÍFICA UNIVERSITÁRIA FACE À CONSTITUIÇÃO FEDERAL E À LEI DE DIRETRIZES E BASES DA EDUCAÇÃO

Delimitado, então, o âmbito de atuação das entidades educacionais, ou seja, quando públicas, sob a forma de autarquias ou fundações públicas da Administração Indireta, e quando privadas, sob a forma de entes do terceiro setor, público não-estatal, cabe destacar o sentido e extensão da autonomia universitária didático-científica sob a égide da Constituição Federal (Deligdisch, 2004). A esse respeito, é importante ressaltar que a raiz da discussão sobre a autonomia universitária não é de hoje. Com efeito, ela remonta ao período em que surgiram as primeiras universidades, na Idade Média, e em que, precisamente, a luta por sua emancipação didático-pedagógica se traduzia no esforço de desvinculação entre Estado e Igreja. Nesse âmbito, registra-se um confronto no século XI entre o Estado, a Igreja e a Universidade, em que esta defendia a liberdade acadêmica e a independência do controle ideológico. Estas foram, certamente, as células embrionárias da autonomia universitária. Portanto, a autonomia é algo que é sempre objeto de tensão entre o Estado e/ou a Igreja de um lado e as reivindicações emancipatórias da universidade de outro (UFPE,1998).

No contexto brasileiro, o artigo 207 da Constituição Federal traduz os âmbitos da autonomia didático-científica, da autonomia administrativa, da autonomia financeira e de gestão, conjuntamente com as atividades de ensino, pesquisa e extensão. A esse respeito, Deise Mancebo assevera que: "a autonomia universitária foi conquistada como preceito constitucional em 1988. Na área do direito público, os doutrinadores contemporâneos são unânimes em definir 'autonomia' como o poder de autonormação exercitável nos limites impostos pelo ordenamento superior que lhe deu origem" (Mancebo, 1998: 51).

A mesma autora esclarece que a autonomia é o direito que a universidade tem de regular, com suas próprias normas, situações intencionalmente não alcançadas pela lei. Em verdade, são as determinações via atos administrativos complementares da lei, os quais podem ser expedidos inclusive por aqueles que fazem as vezes do Estado (instituições privadas). Tais determinações regulamentam os termos da lei, no intuito de proteger e garantir, dentre outras coisas, a liberdade de pesquisa.

Segundo o entendimento de Aragão (2001), a autonomia universitária, tal como está consagrada na Constituição Federal, confere às instituições de ensino superior (públicas ou privadas) competência para sua auto-organização, autogoverno e auto-administração, visando alcançar seus objetivos didático-científicos. Aqui é de se observar que, apesar de o autogoverno ser prerrogativa da autonomia política e não da autonomia administrativa, quando se trata de difusão de conhecimento e desenvolvimento de pesquisa, tais atividades não podem ser enquadradas como simples atividades de administração, pois envolvem a criação de algo novo, sejam novas concepções teóricas ou novas tecnologias. Em termos comparativos, é uma das características da atividade política a criação de direito novo via legislação.

Do mesmo modo, o desenvolvimento de novas teorias, de novas concepções sociais, filosóficas ou científicas, ou de novas tecnologias é uma atividade que está além da mera execução técnica de políticas públicas, atividade esta tipicamente administrativa. Portanto, a autonomia criativa da universidade possui uma dimensão de liberdade que está além da autonomia administrativa e isso abrange, evidentemente, a liberdade de opiniões a respeito de questões tais como religião e o seu papel no Estado contemporâneo.

Portanto, o sentido que deve ser concebido dentro da noção de autonomia didático-científica das instituições de ensino superior não pode ser confundido com o de autonomia administrativa dos entes sob controle e fiscalização da Administração Direta. A esse respeito, entende Jorge Miranda que: "a autonomia é a própria essência da universidade. Desde a sua criação há mais de mil anos, a discussão sobre a autonomia tem estado presente. Uma instituição de ensino superior deve ser livre para poder transmitir e produzir conhecimento, descobrir o saber novo e se relacionar com a sociedade. Autonomia também significa que a universidade não se curva perante governos de momento, nem [perante] pensamentos ou ideologias que a cada instante podem se suceder e até desfigurar a própria instituição de ensino superior" (*apud* Aragão, 2001:83).

No ordenamento jurídico brasileiro, a Lei de Diretrizes e Bases da Educação, Lei n. 9.394 de 96, reafirma no artigo 53 a autonomia universitária de forma ampla e, sem prejuízo desta, ainda destaca, ao longo de dez incisos e um parágrafo único com mais seis incisos, algumas prerrogativas que abrangem desde o poder de decisão a respeito de seus investimentos, ou seja, a autonomia orçamentária e administrativa, até a autonomia didático-científica (Brasil, 1996).

Ainda no que se refere à autonomia didático-científica, Maria de Lourdes Fávero desenvolve uma interpretação entendendo que ela implica a liberdade de: 1. estabelecer seus objetivos, organizando o ensino, a pesquisa e a extensão sem quaisquer restrições doutrinárias ou políticas; 2. definir suas linhas de pesquisa nos casos de cursos de pós-graduação que se organizam nos programas de mestrado e doutorado; 3. criar, organizar e extinguir cursos; 4. elaborar o calendário escolar; 5. fixar critérios e normas de seleção, admissão e promoção; e 6. outorgar graus, diplomas, certificados e outros títulos acadêmicos (Fávero, 2000).

Já no plano eminentemente acadêmico, a autonomia universitária deverá ser consolidada através da liberdade de decisão sobre o conteúdo dos cursos, pesquisas e atividades de extensão. Nesse diapasão, a liberdade acadêmica implica: 1. organizar o ensino, a pesquisa e a extensão sem quaisquer restrições de natureza filosófica, ideológica, política ou religiosa; 2. elaborar e estabelecer os currículos para seus cursos de graduação e pós-graduação; 3. estabelecer as metas científicas, artísticas e culturais que julgar apropriadas ao preenchimento e realização de seu papel inovador; 4. estabelecer critérios e normas de seleção e admissão de candidatos a seus cursos em todos os níveis; 5. regulamentar a admissão de alunos transferidos; 6. organizar o regime de seus cursos e a estruturação curricular; e 7. experimentar novos currículos e fazer experiências pedagógicas, exigindo-se uma contrapartida definida em termos de desempenho eficiente (Fávero, 2000).

Sob esse âmbito de interpretação da abrangência do conceito de liberdade contido na noção de autonomia didático-científica, percebe-se a abrangência, também, da idéia de liberdade de cátedra. Essa liberdade se dá na medida em que se desvincula de quaisquer formas de cerceamento do pensamento filosófico, ideológico, político, religioso e cultural. Entretanto, é preciso ressaltar que a liberdade contida na noção de autonomia, seja em menor grau, como no caso da autonomia administrativa, seja em maior grau, nos âmbitos da autonomia política e didático-científica, é sempre uma liberdade vigiada nos termos da lei, ou seja, neste último caso, o grau de controle institucional dessa liberdade é menor.

É preciso, então, ressaltar que a autonomia, ao contrário da noção de soberania, possui limites advindos da própria lei que institui a entidade autônoma. Por ser assim, mesmo a autonomia universitária apresenta limites, os quais são traçados, originariamente, no texto constitucional. Mais precisamente, é de se considerar que, se a universidade tem por atribuições precípuas o ensino, a pesquisa e a extensão, os seus limites de liberdade decorrem, necessariamente, das reivindicações da sociedade na qual a universidade está inserida.

Ao tratar desse tema, Mancebo afirma que o poder de autodeterminação individualiza a universidade e possibilita a sua auto-organização em sua órbita de incidência (Mancebo, 1998). Ao mesmo tempo, verificam-se limitações impostas a essa liberdade. Em primeiro lugar, sob o aspecto jurídico, na medida em que as normas criadas no âmbito da universidade não podem colidir com outros preceitos constitucionais. Em segundo lugar, a limitação se dá na medida em que não é possível a sua auto-organização para a corporação ou para outros objetivos diversos daqueles primários da instituição universitária.

Dessa forma, o conceito de autonomia estabelece uma tensão entre o específico e o geral. A vocação para se autonomizar implica em uma certa individualização e construção de uma identidade própria, vale dizer, singular e específica. Mas essa singularidade está indissoluvelmente ligada aos anseios sociais. Em outros termos, o exercício da autonomia universitária não a libera da vinculação nem mesmo da prestação de contas à sociedade (Mancebo, 1998).

Visando tornar mais clara essa relação necessária entre universidade e sociedade, como forma de melhor expor o âmbito da autonomia didático-científica universitária e, com isso, a própria idéia de liberdade de produção e difusão de conhecimento, Eunice Durham (1989) esclarece que são as próprias funções da universidade que dão as balizas e definem a natureza da sua autonomia. Se, de uma parte, a Constituição não define explicitamente qual a natureza e as funções da universidade, de outra parte, refere-se indiretamente a ela, ao estabelecer que se trata de uma instituição dedicada ao avanço do conhecimento e à sua divulgação, sendo estas, então, as suas finalidades precípuas. Disso conclui-se que a universidade goza de autonomia para desenvolver as atividades de ensino, pesquisa e extensão; tais atividades, porém, não são exercidas de acordo com o exclusivo interesse da universidade, pelo contrário: constituem um serviço que ela presta à sociedade. Conseqüentemente, o reconhecimento da sua autonomia não exime os órgãos públicos de controle da fiscalização da efetiva prestação de contas da universidade à sociedade.

Conclui-se, então, que a liberdade de cátedra não se remete a qualquer tipo de cerceamento do Poder Público e, menos ainda, ao cerceamento das instituições de ensino onde se debatem e divulgam as diversas formas de conhecimento, devido às seguintes condições: 1. a liberdade de cátedra decorre da autonomia das instituições de ensino superior quanto à pesquisa, ao ensino e à extensão, havendo um vínculo indissociável entre estes, como condição de exercício dessa autonomia. Esta, por sua vez, se configura como autonomia didático-científica; 2. os limites da autonomia didático-científica universitária não se confundem com os da autonomia administrativa que as universidades também possuem, pois a autonomia didático-científica lhes confere um grau ainda maior de liberdade de atuação; 3. a liberdade de exercício da autonomia didático-científica não se iguala ou confunde com as liberdades decorrentes da independência ou soberania de exercício de poder, visto que tais atributos são exclusivos do exercício de poder político; e 4. os parâmetros de delimitação da autonomia didático-científica universitária, da qual decorrem, dentre outras conseqüências, a liberdade de cátedra, são estabelecidos a partir do interesse social da produção intelectual e da prestação de contas à sociedade daquilo que é gerado no âmbito do debate universitário.

NOTAS

[1] Em realidade, o Decreto-Lei n.200, de 1967, inaugurou o modelo descentralizado da Administração Pública na esfera federal, tendo na Administração Indireta, além das autarquias e fundações públicas, as empresas públicas e sociedades de economia mista. As duas primeiras desempenham atividades mais voltadas para setores públicos e as duas últimas desempenham serviços públicos ou atividades econômicas. No âmbito dos estados-membros, tal divisão administrativa decorre das constituições estaduais e, nos municípios, das leis orgânicas.

[2] O exercício do poder hierárquico, típico de modelos centralizados, se diferencia do poder de controle, tutela ou supervisão, expressões sinônimas que caracterizam a forma de poder na descentralização. No âmbito do poder hierárquico, o superior tem sobre seu subordinado: o poder-dever de acompanhar cada etapa de seus processos de decisão administrativa; o poder de fiscalização imediata das atividades; a possibilidade de avocação de seus atos; o poder de punição disciplinar; o poder de rever, revogar, anular ou substituir decisões dos mesmos, de ofício ou via recursos administrativos. No âmbito do poder de controle ou tutela, o que mais importa é o cumprimento das metas ou finalidades determinadas na lei que institui a unidade descentralizada. Esse poder é desempenhado pelos agentes da unidade, os quais devem enviar relatórios periódicos de desempenho ao órgão supervisor, situado na Administração Direta, sendo que este poderá intervir no ente descentralizado caso ocorra desvio de atribuições legais, apesar de não exercer formas de poder hierárquico sobre ele.

[3] A terminologia empregada para designar este novo modelo estatal varia segundo os autores. Como exemplo de autor que emprega a expressão "Estado Gestor", há Luiz Carlos Bresser (Bresser, 1996); como exemplo de autor que emprega a expressão "Estado Regulador", há Marcos Juruena, (Juruena, 2002).

[4] Considerando-se que as análises dos âmbitos técnico e jurídico, nos termos

mencionados, fogem ao escopo deste artigo, não serão elas abordadas. Para tanto, remete-se à leitura de: Diogo Moreira Neto (Moreira Neto, 1999).

⁵ Embora se concorde com a tese de que os chamados "contratos de gestão" são inconstitucionais por várias razões, inclusive já publicadas, essa discussão não apresenta relevância para o presente estudo.

REFERÊNCIAS BIBLIOGRÁFICAS

AMARAL, Carlos Eduardo Pacheco. **Do Estado Soberano ao Estado das Autonomias:** regionalismo, subsidiariedade e autonomia para uma nova idéia de Estado. Blumenau: Edifurb. 2000. 211 p.

ARAGÃO, Alexandre Santos de. **A Autonomia Universitária no Estado Contemporâneo e no Direito Positivo Brasileiro.** Rio de Janeiro: Lúmen Júris. 2001. 320 p.

BRASIL. **Constituição da República Federativa do Brasil** (1988). 31 ed. São Paulo: Ed. Saraiva, 2003.

BRASIL. **Decreto-Lei n. 200** de 25 de fevereiro de 1967. Dispõe sobre a organização da Administração Federal, estabelece diretrizes para a Reforma Administrativa e dá outras providências. Publicado no Diário Oficial da União em 27 de fevereiro de 1967 (suplemento). Retificado em 08 de março de 1967, em 30 de março de 1967 em 17 de julho de 1967. Disponível em: www.presidencia.gov.br. Acesso em: 06 de abril de 2005.

BRASIL. **Estatuto da Cidade.** Lei n. 10.257 de 10 de setembro de 2001. Regulamenta os arts. 182 e 183 da Constituição Federal, estabelece diretrizes gerais da política urbana e dá outras providências. Publicado no Diário Oficial da União em 11 de setembro de 2001. Disponível em: www.presidencia.gov.br. Acesso em: 06 de abril de 2005.

BRASIL. **LDB:** Diretrizes e Bases da Educação Nacional: Lei n. 9.394 de 20 de dezembro 1996. Estabelece as diretrizes e bases da educação nacional. Publicado no Diário Oficial da União em 21 de dezembro de 1996. Disponível em: https://www.presidencia. gov.br Acesso em: 03 de abril de 2006.

BRESSER, Luiz Carlos Pereira. **Crise Econômica e Reforma do Estado no Brasil.** São Paulo: Editora 34, 1996. 358 p.

CADEMARTORI, Luiz Henrique Urquhart. **Direito Administrativo.** Porto Alegre: Síntese, 1999. 67 p.

CADEMARTORI, Luiz Henrique Urquhart. A nova administração pública no contexto da globalização. **Revista da ESMESC:** Escola Superior da Magistratura do Estado de Santa Catarina, Ano 9, volume 16, Dez. 2003. 337 p.

CLÉVE, Clémerson Marlin. **Temas de Direito Constitucional.** São Paulo: Acadêmica, 1993. 248 p.

DELIGDISCH, Marta Elizabeth. **A Autonomia Universitária Didático-Científica e a Avaliação dos Cursos de Pós-Graduação** *Stricto Sensu***:** uma abordagem no âmbito da Constituição Federal de 1988. Dissertação de Mestrado da Universidade do Vale do Itajaí – UNIVALI. Março de 2004. 150 p.

DURHAM, Eunice Ribeiro. **A Autonomia Universitária:** O princípio constitucional e suas implicações. São Paulo: NUPES-USP, 1989. 220 p.

FÁVERO, Maria de Lourdes de Albuquerque (Org.) **Universidade do Brasil:** das origens à construção. V. 1. Rio de Janeiro: Editora UFRJ-INEP, 2000. 320 p.

FÁVERO, Maria de Lourdes de Albuquerque (Org.) **Universidade do Brasil:** guia dos dispositivos legais. V. 2 Rio de Janeiro: Editora UFRJ-INEP, 2000. 436 p.

HARDT, Michael; NEGRI, Antônio. **Império.** Rio de Janeiro: Record, 2001. 501 p. Tradução de Berilo Vargas

JURUENA, Marcos. **Direito Administrativo Regulatório.** São Paulo: Lúmen Júris, 2002. 433 p.

MANCEBO, Deise. Autonomia Universitária: reformas, propostas e resistência cultural. **Universidade e Sociedade,** Ano VIII, n 15, Fev. 1998. 211 p.

MOREIRA NETO, Diogo de Figueiredo. **Apontamentos sobre a Reforma Administrativa.** Rio de Janeiro: Renovar, 1999. 356 p.

UNIVERSIDADE FEDERAL DE PERNAMBUCO. **Autonomia Didático-Científica e suas Conseqüências no Sistema de Ensino Superior na Ótica da Nova Lei de Diretrizes e Bases da Educação Brasileira.** Recife: PROACAD-UFPE, 1998. 246 p.

WEBER, Max. **Economía y Sociedad.** México: Fondo de Cultura Económica. 1994. 1237 p. Tradução de José Medina Echavarría et al.

CAPÍTULO 6

Autonomia Universitária como Instrumento de Garantia do Pluralismo de Idéias

Luiz Magno P. Bastos Jr.

INTRODUÇÃO

A consagração da autonomia da universidade nasce como um mecanismo de preservação de seu papel ativo no desenvolvimento social e de estabelecimento de garantias que promovam o livre entrecruzamento de idéias e estimulem os processos de contínua produção de conhecimento. No Brasil, o debate em torno da proteção das chamadas liberdades acadêmicas vem sendo produzido como parte da garantia constitucional geral da autonomia universitária.[1] Contudo, o debate acerca da autonomia universitária vem se limitando, em grande medida, à discussão sobre a autonomia (notadamente das universidades públicas) na gestão administrativa, na capacidade de auto-organização didático-pedagógica das instituições universitárias e no controle de qualidade por parte do poder público através dos diferentes processos de fiscalização estatal.

Essa ênfase é facilmente compreendida face à tradição autoritária e marcadamente patrimonialista enraizada nas instituições político-sociais brasileiras, todavia, é justamente em razão dessa tradição que a autonomia universitária jamais pode ser reduzida à proteção da independência da instituição universitária contra eventuais ingerências estatais; pelo contrário, o seu conceito deve ser ampliado a fim de ser compreendido como um direito de defesa, inclusive, contra práticas autoritárias internas às próprias instituições. Essa dupla vinculação (contra as "ameaças" externas e internas) resulta, exatamente, do fundamento da construção do princípio da autonomia universitária, qual seja, a idéia de que ele é um mecanismo de garantia da pluralidade de idéias e da liberdade de ensino no ambiente universitário.

Costumam-se reunir, na tradição constitucional brasileira, sob a denominação de liberdade de cátedra, as garantias dos professores universitários de livre manifestação de pensamento científico e da livre iniciativa no desenvolvimento das atividades de pesquisa, associada à faculdade de definir, sem inferências externas e no âmbito das opções didáticas que informam o projeto político-pedagógico, o plano de curso das disciplinas a serem ministradas. O presente artigo tem como pano de fundo o problema da tensão possivelmente existente entre a autonomia universitária e a liberdade de cátedra. Por um lado, encontra-se a possibilidade de adoção, baseada na garantia constitucional geral da autonomia universitária, de fundamentos ético-religiosos como princípios informadores da prática institucional das universidades confessionais. Tais princípios, porém, podem importar em óbices concretos à promoção de campos específicos do saber que, eventualmente, coloquem em cheque os fundamentos teológico-dogmáticos assumidos por tais instituições educacionais, acabando por cercear a liberdade de cátedra e a pluralidade de idéias, ínsitos ao próprio conceito de autonomia universitária.

Em face disso, serão discutidos elementos para a sistematização dos princípios da liberdade de cátedra e da autonomia universitária. Para tanto, este artigo está organizado da seguinte maneira: 1. a discussão em torno da natureza pública do serviço educacional de ensino superior e do alcance do controle estatal na sua execução por parte da iniciativa privada e 2. a delimitação do conteúdo e do alcance dos princípios constitucionais da autonomia universitária e da liberdade de cátedra.

O SERVIÇO EDUCACIONAL COMO SERVIÇO PÚBLICO

O conceito de serviço público comporta uma acepção muito ampla que reúne não somente as tarefas desempenhadas diretamente pelo Estado, por seus órgãos administrativos ou por pessoas jurídicas constituídas para esse fim, mas também um conjunto de serviços que, face à relevância pública e à importância atribuída pela sociedade, devem ser, senão realizados pelo Estado, ao menos por ele fiscalizados, sendo sujeitados então a um regime próprio de direito público (Mello, 2004). Não há nenhum critério estanque para qualificar como públicos, ou mesmo como privativos, os serviços a serem prestados pelo Estado. São públicos os serviços reconhecidos como tal pelo ordenamento jurídico (Meirelles, 1994). Apesar desse aparente legalismo, não se deixa de questionar a natureza e a finalidade perseguidas pela consecução desses serviços, pois é justamente sua relevância que se afigura como a medida da intervenção estatal.

A questão da prestação do serviço público ser ou não feita diretamente pelo Estado e as circunstâncias com que o ordenamento jurídico faculta a possibilidade do seu oferecimento pela iniciativa privada têm sido utilizadas pela doutrina como critérios correntes para classificar os serviços públicos, contornando-lhes o regime jurídico aplicável. Dessa forma, quanto à titularidade, os serviços públicos podem ser classificados como serviços privativos do Estado e não-privativos. Os primeiros seriam aqueles regidos pelo Direito Público e prestados diretamente pelo Estado ou pela iniciativa privada, sob o regime de concessão ou permissão. Enquanto que os últimos, os não-privativos, seriam aqueles sujeitos à ação regulamentadora e fiscalizatória do Estado, podendo estar ou não sujeitos à prévia autorização estatal para o início de sua prestação (que se realiza mediante autorização).

Dentre esses últimos, a sua prestação pelo Estado não impede (nem tem o condão de proscrever) que a iniciativa privada, no exercício da garantia constitucional da livre iniciativa, opere nesses ramos de atividade. A educação superior tem sido tradicionalmente reconhecida como sendo de natureza pública e como um serviço não-privativo do Estado (*ex vi* do art. 208 da CF). A atuação estatal de controle e fiscalização da prestação desse serviço desdobra-se em três níveis diferenciados: 1. regulamentação das condições institucionais para o setor – que engloba a prescrição de condições para a constituição e funcionamento das instituições particulares; demarcação e fixação das atribuições a cada espécie de instituição de ensino superior, com progressiva ampliação do seu âmbito de autonomia; 2. fixação das diretrizes curriculares – que define os limites materiais que devem balizar o exercício da autonomia didática das instituições de ensino superior, no tocante à integralização curricular e a habilidades a serem desenvolvidas pelos egressos das diferentes formações de nível superior e 3. poder fiscalizatório – que se realiza através dos diferentes processos de avaliação do ensino superior, notadamente, os processos de credenciamento institucional e de autorização/reconhecimento de cursos superiores.

NÍVEIS DE ATUAÇÃO DO ESTADO NA FISCALIZAÇÃO DA EDUCAÇÃO SUPERIOR

O controle e fiscalização do poder público é exercido tanto sobre as condições das instituições de ensino (nos processos de credenciamento e re-credenciamento), como sobre as condições de oferta de cada um dos cursos superiores por tais instituições (nos processos de autorização, reconhecimento e renovação de reconhecimento dos cursos). Tais autorizações estatais constituem, nos dizeres de Ranieri, "...atos administrativos unilaterais, vinculados, de natureza constitutiva e de competência do Ministro da Educação ou do Secretário de Estado da Educação (conforme a inserção da instituição nos diversos sistemas de ensino), que atestam, periodicamente, a qualificação acadêmica mínima para o funcionamento das instituições de ensino; bem como o atendimento, pelas pessoas jurídicas de direito privado, mantenedoras de ensino superior, sem finalidade lucrativa, das condições e requisitos elencados no artigo 2°, do Decreto n. 2.306/97..." (2000: 214). Trata-se de atos unilaterais, uma vez que não resultam de um encontro de vontades entre a Administração Pública e o particular (como os contratos administrativos), mas que, a partir da comprovação dos interessados, tem sua pretensão chancelada pelo poder público com vistas ao preenchimento dos requisitos definidos na legislação e normas regulamentares dos critérios e padrões de qualidade fixados. É a limitação a essa verificação que os qualifica como atos vinculados.

Trata-se de atos de natureza constitutiva posto que conferem às entidades pleiteantes a prerrogativa para prestarem os serviços educacionais, sem a qual não podem colocá-los à disposição do público. Contudo, essas autorizações, por expressa determinação legal, são limitadas no tempo e devem ser renovadas periodicamente (por isso, os chamados processos de re-credenciamento e renovação de reconhecimento de cursos). Há um nível bastante diferenciado no grau de autonomia reconhecido pelo Estado às instituições de ensino, tendo em vista a forma de organização acadêmica assumida nos termos do Decreto 2.306, de 19/8/1997. Por obviedade, o grau de ingerência estatal amplia na medida em que diminui o âmbito de proteção da autonomia institucional. Existe, por fim, uma diferenciação dentre as instituições da categoria administrativa "privada", que leva em conta sua vocação social, feita nos seguintes termos: há as instituições particulares em sentido estrito (com finalidades lucrativas) e as comunitárias, confessionais e filantrópicas (sem finalidade lucrativa), todas elas constituídas sob o regime de Direito Privado.

Por definição legal, tanto as instituições comunitárias quanto as instituições confessionais "...são instituídas por grupos de pessoas físicas ou por uma ou mais pessoas jurídicas, inclusive cooperativas de pais, professores e alunos, que incluam em sua entidade mantenedora representantes da comunidade..." (art. 20, II, da LDB). O que as diferencia é que as confessionais "...atendem a uma orientação confessional e ideologia específicas..." (art. 20, III, da LDB). Logo, todas as universidades confessionais, por definição, devem seguir as mesmas exigências concernentes às instituições comunitárias, o que reforça seus vínculos sociais e exige a introdução de mecanismos democráticos de gestão universitária e de envolvimento comunitário.

No tocante à identificação dos contornos jurídicos dados às instituições confessionais, o sistema legal nacional limitou-se a reconhecer expressamente a sua existência e a condicionar a sua estrutura de organização (comunitária). Dessa forma, como parece indicar, ele aponta para a idéia de que os parâmetros de balizamento para sua atuação devem incluir, dentre os membros de seu corpo dirigente, membros da comunidade, atrelando-a, em certa medida, à idéia de gestão democrática do ensino, expressamente consagrada, em relação ao ensino público, no art. 206, VI, da CF.

DELIMITAÇÃO CONCEITUAL DE AUTONOMIA UNIVERSITÁRIA E DE LIBERDADE DE CÁTEDRA

As idéias de autogoverno e de liberdade de atuação em face do Estado (Ranieri, 2000), tendo em vista a realização "...do pleno desenvolvimento da pessoa, seu preparo para o exercício da cidadania e sua qualificação para o trabalho..." (art. 206 da CF), consistem nas idéias balizadoras da demarcação conceitual do princípio da autonomia universitária no sistema jurídico brasileiro. Ao conferir *status* constitucional à autonomia universitária, o constituinte estendeu seu âmbito de abrangência a diferentes dimensões da autonomia: "didático-científica, administrativa e de gestão financeira" (art. 207, da CF). Apesar das diferenças de regime jurídico e de atribuições definidas pela legislação, tais garantias são igualmente aplicáveis tanto às instituições universitárias, sejam públicas ou privadas, quanto às demais instituições de ensino superior. O debate em torno da autonomia universitária põe em evidência, *ultima ratio*, a concepção de universidade e de ensino superior que se pretende ver implementada no Brasil. No entanto, ante os propósitos deste artigo, limitar-se-á a identificar os elementos que compõem a autonomia didático-científica, no interior dos quais as liberdades de ensino têm sido tangencialmente tratadas.

AUTONOMIA DIDÁTICO-CIENTÍFICA E LIBERDADE DE CÁTEDRA

Apesar da consagração expressa em diferentes diplomas constitucionais – 1967 (art. 168, §3º, VI), 1946 (art. 168, VII) e 1937 (art. 155) – da "garantia à liberdade de cátedra", a doutrina nacional tem se limitado, ao definir o seu âmbito de proteção, a reproduzir a chamada liberdade de conhecimento consagrada no inciso II, do art. 206, do texto constitucional vigente, que elenca, dentre os princípios que devem orientar o ensino no Brasil, a "liberdade de aprender, ensinar, pesquisar e divulgar o pensamento, a arte e o saber". A proteção à liberdade de cátedra aparece, com maior concretude, antes como um limite à autonomia didático-pedagógica, ou como um desdobramento de um princípio geral de proteção à liberdade de manifestação de pensamento (art. 5º, inc. IV da CF) e científica (art. 5º, inc. IX da CF), do que como um bem objeto de proteção constitucional específica. Essa carência de maior concretude evidencia-se mesmo quando se assinala que a salvaguarda do direito à liberdade de ensino consiste na própria finalidade dessa esfera de autonomia (Sampaio, 1997).

A consagração da autonomia universitária apresenta-se como uma condição *sine qua non* para a que a instituição "universidade" cumpra a finalidade a que se destina, qual seja, "...a produção, o desenvolvimento e a transmissão de conhecimentos, a partir da reflexão sobre a sociedade em que se insere..." (Ranieri, 2000: 220). É a autonomia didático-científica que teria o condão de transformar "...a universidade no *locus*, no espaço social privilegiado da liberdade..."

em torno do qual "...se desenvolvem os demais aspectos. As autonomias de natureza administrativa e financeira ostentam caráter acessório ou instrumental, em face daquela de ordem didático-científica, que apenas buscam complementar..." (Sampaio, 1997: 72).

No tocante à delimitação do conjunto de atribuições conferidas à entidade universitária, a autonomia didática se define, segundo Ranieri (2000: 124), como o direito de conferir "direção própria do ensino oferecido", e reúne os diferentes atributos relacionados com a capacidade de organização acadêmica, constantes do art. 53 da LDB, dentre os quais estão: direito de organizar o ensino, a pesquisa e a extensão; de criar e extinguir cursos; de elaborar e estabelecer currículos para a graduação e a pós-graduação; de estabelecer critérios de acesso de alunos em todos os níveis e de conferir certificados e diplomas. Por sua vez, a autonomia científica é relacionada com a "...liberdade de iniciativa e de ação quanto à determinação da pesquisa em áreas relevantes..." (Sampaio, 1997: 75), que confere à universidade a prerrogativa de definir as áreas prioritárias para as quais pode convergir suas atividades de pesquisa, independentemente de gozarem ou não de imediata relevância política e econômica (Ranieri, 2000). As liberdades individuais, por seu turno, compreendem um conjunto de faculdades e garantias conferidas aos indivíduos na comunidade acadêmica, incluindo-se tanto o corpo docente quanto o corpo discente. A liberdade de aprendizagem confere, a par das garantias de livre expressão de idéias e de livre convicção científica, a prerrogativa de participar dos órgãos colegiados e a faculdade de dirigir, com certa margem de flexibilidade, a condução de seus estudos acadêmicos.

Em complementação, a liberdade de cátedra confere aos docentes tanto a liberdade de ensino – liberdade de escolha, de acordo com suas próprias convicções científicas, do plano de curso e do enfoque a ser atribuído à temática que compreende o objeto dos estudos sob sua responsabilidade –, como a liberdade de pesquisa – liberdade de investigação científica que compreende a faculdade do docente de definir os problemas que julgar relevantes para o desenvolvimento científico. Esse conjunto de liberdades individuais é apresentado como contraponto à liberdade coletiva de organização acadêmica, e constitui-se como direito de defesa contra interferência arbitrária e indevida no âmbito da auto-determinação da comunidade acadêmica. Não obstante, o reconhecimento dessa dupla face (coletiva e pessoal) da autonomia didático-pedagógica, que inelutavelmente conduz a um robustecimento das liberdades pessoais frente às interferências intra e extra-institucionais, a falta de precisão terminológica e a ausência de uma demarcação precisa das co-implicações dessas liberdades e garantias acabam por, em certa medida, encobertar a tensão existente no seu interior.

APROXIMAÇÕES DO DIREITO COMPARADO

Diferentemente do que pode parecer à primeira vista, a delimitação do âmbito de abrangência de cada uma dessas liberdades é uma tarefa árdua, não só pela necessidade de identificação de uma cadeia complexa de co-implicações, mas também em razão da dificuldade de aproximação das experiências estrangeiras em virtude de diferentes fatores, quais sejam: as peculiaridades de cada tradição universitária, o papel diferenciado atribuído ao Estado de regulamentação e fiscalização da educação superior, e as distintas compreensões nacionais acerca da laicidade do ensino e de sua relevância pública.

A previsão da liberdade de cátedra como garantia constitucional foi inicialmente veiculada na Constituição prussiana de 1850, que estabelecia, no art. 152, que "...o ensino da arte e da ciência é livre...", e que expressa a visão tradicional da universidade alemã como uma instituição autônoma da vida pública, organizada, precipuamente, para treinar uma elite intelectual para o serviço do Estado (Kommers, 1997: 426). A liberdade acadêmica preconizada pelo modelo universitário alemão (modelo humboldtiano de universidade) assenta-se sobre um duplo alicerce: a liberdade de ensino (*lehrfreiheit*) e a liberdade de aprendizagem (*lernfreiheit*), que, associadas, conformam a idéia de liberdade acadêmica (*academic freedom*) na tradição universitária alemã

(Kemp, 2005). Ou seja, diferentemente da tradição britânica (Kemp, 2005), ou mesmo da estruturação da idéia de autonomia didático-científica no Direito brasileiro, a autonomia institucional da universidade se constrói a partir da consagração da autonomia pessoal dos membros de sua comunidade acadêmica e da colegialidade inerente à dinâmica de seu exercício.

A liberdade de aprendizagem (*lernfreiheit*) é construída a partir de uma visão dos estudantes como "...jovens responsáveis por si próprios, em busca da construção da ciência segundo sua própria e livre vontade e a quem é conferida a prerrogativa de estruturar seu próprio plano de estudos como acharem melhor..." (Hermmann von Helmoltz *apud* Kemp, 2005: 6).[2] Por outro lado, a *lehrfreiheit* – liberdade de cátedra propriamente dita –, que tem como corolário a proteção da liberdade de pesquisa científica (*freiheit der wissenschaft*), inclui, dentre as prerrogativas do catedrático: o direito de lecionar quaisquer assuntos nos quais os catedráticos tenham interesse científico; a liberdade para adotar posicionamentos científicos e valer-se de métodos persuasórios no convencimento de seus pontos de vista, concorrendo para a construção de uma forte tradição em discipulado na academia; e a proteção de sua autonomia limitada às atividades *interna corporis* (Kemp, 2005).

Como ressalta Standler (2005), foi a experiência nas universidades européias, principalmente alemãs, que influenciou a reforma no ensino superior levada a efeito nos Estados Unidos no final do século XIX, de onde as idéias de proteção da liberdade de cátedra e da liberdade de aprendizagem passam a ser postuladas, a par da garantia da autonomia institucional, no âmbito das chamadas liberdades acadêmicas.[3] Ambas as liberdades, de cátedra e de aprendizagem, são compreendidas, na experiência estadunidense, em uma dimensão mais reduzida do que sua congênere alemã, tendo em vista a admissão de limitações mais expressivas, decorrentes, dentre outros aspectos, de uma estrutura curricular mais rígida, da existência de deveres de controles acadêmicos mais rigorosos e da participação mais decisiva na delimitação dos conteúdos a serem ministrados pelos docentes (Kemp, 2005).

A constituição estadunidense não consagra expressamente tais liberdades. Elas vêm sendo reconhecidas ora no âmbito das próprias instituições de ensino, em grande parte estimuladas pelos princípios estatuídos pela Associação Americana de Professores Universitários (AAUP), ora pelas cortes federais que, a partir de um posicionamento não muito bem definido, têm reconhecido que as liberdades acadêmicas são direitos constitucionais decorrentes da cláusula geral de proteção da Primeira Emenda, oponíveis a ingerências estatais no âmbito de liberdade das instituições públicas de ensino. A AAUP tem desempenhado um relevante papel na definição da abrangência das liberdades acadêmicas e na luta pela concretização dessas garantias no âmbito das instituições universitárias. Os princípios instituídos na "Declaração de Princípios sobre Liberdade e Estabilidade Acadêmicas de 1940", não obstante carecerem de força normativa autônoma, representam um importante parâmetro para crítica e aferição de violações concretas à liberdade de cátedra ocorridas no seio das instituições estadunidense.

A declaração reconhece, dentre as liberdades acadêmicas: 1. a plena liberdade de pesquisa e publicação de seus resultados; 2. a liberdade de ensino em classe, em relação às temáticas, a qual é objeto de sua disciplina; 3. a garantia de livre exercício das liberdades civis independentemente de censura ou sanção institucional, limitada pelas hipóteses de responsabilização decorrente dos eventuais danos à instituição em virtude de atos prejudiciais a ela e pelo dever de respeito às liberdades acadêmicas dos demais membros da comunidade acadêmica. Além dessas liberdades, esse instrumento reconhece um conjunto de garantias materiais (contra a despedida arbitrária e desmotivada de professores universitários) e processuais (garantia do devido processo legal e do princípio da colegialidade no julgamento dos docentes por seus pares), garantias essas que devem ser reconhecidas, indiscriminadamente, tanto ao professor catedrático (que goza da "estabilidade" – *tenure* – expressamente reconhecida pela instituição), quanto ao professor "substituto".

A AAUP possui ainda inúmeros pronunciamentos relativos a questões conexas à liberdade acadêmica nos diferentes espectros da vida universitária, inclusive moções de censura pública a entidades que tenham, segundo os parâmetros fixados nos debates travados no seu interior, concretamente violado os princípios definidos na declaração. A pretensão de extensão indiscriminada desses princípios a todas as instituições de ensino estadunidenses tem sido criticada por diferentes autores, especialmente associados a universidades católicas, que posicionam-se contra o ataque perpetrado pela AAUP de inexistir proteção à liberdade de cátedra em tais instituições (Kemp, 2005) ou sobre a impossibilidade de aplicação das normas católicas concernentes às instituições universitárias no sistema educacional estadunidense (Russo e Gregory, 2001).

No tocante à proteção judicial das liberdades acadêmicas nos Estados Unidos, a Suprema Corte reconheceu serem tais liberdades desdobramento da cláusula geral de proteção da sociedade civil frente à atuação governamental atentatória às liberdades de re¹igião, de expressão e de impressa, de associação e ao direito de petição. A primeira vez em que a liberdade acadêmica foi nesses termos expressamente reconhecida pela Suprema Corte foi no caso *Wieman v. Updengraff* 344, U.S. 83, *Frankfurter concurring*, dando início aos *academic freedom cases*. Nesse julgado, estatuiu-se que "...as liberdades de pensamento, de expressão, de pesquisa e de opção religiosa são garantidas pela Constituição contra violação realizada pelos governos nacional e estadual...".[4] Segundo o entendimento da Suprema Corte, a Primeira Emenda reconhece, frente ao Estado, a garantia de uma autonomia institucional das universidades, a partir do estabelecimento de quatro liberdades essenciais: "...o direito de determinar, por si própria [ou seja, sem interferência estatal] e em termos acadêmicos, quem pode ensinar, o que pode ser ensinado, como isto deverá ser ensinado, e quem pode ser admitido a estudar...", consagrando, segundo o tratamento doutrinário dado a esse caso, o sistema de "revisão pelos pares" na instituição universitária (equivalente à idéia de colegialidade do Direito alemão).

Três tipos de críticas têm sido endereçadas à proteção judicial da liberdade acadêmica nos Estados Unidos, em relação: à dificuldade de delimitar, com precisão, a extensão dos direitos compreendidos no reconhecimento constitucional da liberdade acadêmica, em face de sua inconsistência (Brooks, 1995); à efetiva abstenção judicial no controle das atividades universitárias (Standley, 2001); e à não-extensão dessas garantias às universidades particulares (Steffen, 2001). Apesar da eloqüência com que a Suprema Corte reconhece o caráter fundamental desse direito, em face da doutrina do *state action*, a Corte tem limitado a sua abrangência, exclusivamente, às eventuais violações perpetradas à comunidade acadêmica de universidades públicas. Mesmo ante o reconhecimento de algumas atenuações aplicadas àquela doutrina, a Suprema Corte, no caso *Rendell-Baker v. Kohn,* 457 U.S. 830, recusou-se a estender a proteção da Primeira Emenda, em matéria de liberdade acadêmica, às universidades particulares, por entender que os critérios de controle (definidos em *Edmonson v. Leesville Concrete,* 500 U.S. 614) relacionados com a função tradicional de governo não teriam sido preenchidos. Como se pôde perceber, não obstante a bem concatenada doutrina estadunidense em torno da extensão e das garantias da liberdade de cátedra, ainda há um significativo descompasso entre sua enunciação e a efetiva proteção judicial.

Por fim, significativos são os princípios e garantias enunciados no âmbito da UNESCO, através da "Declaração Mundial sobre Educação Superior para o Século XXI" (UNESCO, 1998) e da "Recomendação relativa à Condição do Pessoal Docente do Ensino Superior" (UNESCO, 1997). Esses documentos internacionais são resultado de esforços de sistematização de uma visão de ensino superior e das garantias das liberdades acadêmicas (compreendidas como direitos humanos) a partir das diferentes experiências nacionais. Enquanto a "Declaração Mundial sobre Educação Superior" preocupou-se em reafirmar a natureza pública do ensino superior e o compromisso estatal com o seu co-financiamento e em fixar diretrizes concernentes às estratégias de ação para a universalização do acesso ao ensino e para a possibilidade de sua contribuição para o desenvolvimento econômico e social dos países, a "Recomendação Relativa à Condição do Pessoal Docente" preocupou-se, de um lado, em discriminar os direitos, obrigações e responsabilidades das instituições do ensino com o corpo docente, e, de outro, em fixar os direitos, liberdades e deveres fundamentais dos docentes no ensino superior e o compromisso com o aprimoramento profissional e com a busca por constante melhoria da condição de ensino.

SISTEMATIZAÇÃO DA ABRANGÊNCIA DA AUTONOMIA DIDÁTICO-PEDAGÓGICA

A partir dos elementos trazidos à tona e com a pretensão de apresentar algumas possíveis concretizações e desdobramentos da garantia constitucional da autonomia didático-científica, foram construídos os quadros esquemáticos a seguir apresentados. Diversos foram os motivos que impulsionaram a proposta deste esboço inicial acerca da abrangência da autonomia institucional didático-pedagógica, da liberdade de cátedra e da liberdade de aprendizagem: 1. a pouca precisão terminológica com que a questão é tratada interna e externamente; 2. a dificuldade verificada na literatura nacional acerca da exata extensão dessas garantias constitucionais e dos problemas concretos que elas podem suscitar; 3. a necessidade de que os desdobramentos e as experiências internacionais sejam devidamente acomodados na forma como os autores nacionais vêm tratando o assunto, sob pena de uso meramente retórico desse substrato, ou da dificuldade de sua assimilação; 4. a necessidade de desnudar o conflito e a tensão inerentes à idéia de autonomia didático-científica e de ressaltar a dimensão da colegialidade que deve mediar essa discussão (como forma de associá-la às exigências democráticas da República brasileira); e, por fim, 5. o intuito de esboçar uma tentativa de separação entre liberdades asseguradas e garantias institucionais à sua realização, sistemática esta muito cara à forma com que os constitucionalistas nacionais abordam as liberdades e garantias fundamentais no sistema constitucional brasileiro.

Autonomia coletiva (Autonomia institucional da IES)	**Autonomia didática** (IES)	Abrangência	• Direção do ensino organização acadêmica (direito de organizar o ensino, a pesquisa e a extensão; de criar e extinguir cursos; de elaborar e estabelecer currículos para a graduação e a pós-graduação; de estabelecer critérios de acesso de alunos em todos os níveis e de conferir certificados e diplomas); • Definição dos projetos pedagógicos institucionais e das opções pedagógicas fundamentais.
		Limites e controle estatal	• Regulamentação estatal •Normas gerais de organização; •Fixação de diretrizes curriculares gerais. • Fiscalização a partir de padrões de qualidade.
		Garantias institucionais	• Não-interferência do Estado para além da fixação de diretrizes e regras gerais de organização; • Demarcação constitucional e legal do âmbito da autonomia normativa (art. 53 da LDB).
		Deveres fundamentais	• Vinculação material à promoção das finalidades públicas do ensino superior (art. 206 da CF); • Preservação e promoção das liberdades acadêmicas (pluralismo de idéias, liberdade de cátedra e liberdade de aprendizagem).
	Autonomia científica (IES)	Abrangência	• Definição das políticas e diretrizes de pesquisa e dos programas de extensão universitária.
		Limites e controle estatal	• Fiscalização de resultados (dos recursos públicos investidos em pesquisa); Proteção estatal contra o cerceamento da autonomia individual.
		Garantias institucionais	• Definição da atividade de pesquisa independentemente de sua imediata aplicabilidade política ou econômica.
		Deveres fundamentais	• Vinculação material à promoção das finalidades públicas do ensino superior (art. 206 da CF); • Preservação e promoção das liberdades acadêmicas (não-interferência na autonomia individual de iniciativa científica).
	Dever geral de democracia interna	Princípio da coletividade	• Propiciar: (a) pluralismo de idéias; (b) responsabilidade compartilhada; (c) política de participação de todos os interessados nas atividades e nas estruturas internas de tomada de decisões; e (d) criação de mecanismos consultivos. • O princípio é aplicável às decisões relativas: (a) à política de ensino superior, (b) aos currículos dos cursos; (c) à política de investigação científica e aos programas de extensão universitária; e (d) à alocação de recursos.

Autonomia individual (Comunidade acadêmica)	**Liberdade de cátedra** (Professores *Lehrfreiheit*)	Abrangência	• Liberdade de ensinar e debater (método científico aceito pela comunidade científica); • Liberdade de pesquisa (levar a cabo investigações científicas, sujeitos à responsabilização pessoal, à ética profissional e ao rigor intelectual próprio de sua área de investigação); • Liberdade de publicação dos resultados e benefícios; • Liberdade de expressar livremente sua opinião sobre a IES e sobre o sistema de ensino; • Liberdade de participar em órgãos profissionais e organizações acadêmicas; • Liberdade de prática de atividades extramuros (limites de regime de trabalho de contratação: Dedicação Exclusiva, Dedicação Parcial); • Liberdade de intercâmbio e cooperação internacional (ressalvadas a segurança nacional e propriedade intelectual).
		Limites e controle institucionais	• Responsabilização dos professores pelas atividades extramuros danosas à imagem institucional; • Avaliação de desempenho para titularização e para análise do "período de prova".
		Garantias institucionais	• Garantia do exercício das liberdades civis, como qualquer cidadão (contra interferências do Estado); • Garantia contra qualquer espécie de censura institucional; • Liberdade de ensino (não deve ser obrigado a ministrar disciplinas que contradigam seus conhecimentos e consciência, nem a aplicar planos de estudos ou métodos contrários às normas internacionais de direitos humanos); • Garantia contra despedida arbitrária e desmotivada e aplicações de sanções disciplinares (garantia do devido processo legal); • Garantia de acesso à docência (livre de quaisquer discriminações, exceto relacionadas com políticas afirmativas).
		Deveres fundamentais	• Respeito às liberdades acadêmicas dos demais membros da comunidade; • Garantia de participação e de debate de opiniões contrárias; • Propósito de busca pela verdade científica na condução das investigações; • Responsabilidade com o desenvolvimento científico e preservação do patrimônio cultural da humanidade.

Autonomia individual (Comunidade acadêmica)	Liberdade de aprendizagem (Estudantes *Lehrfreiheit*)	Abrangência	• Liberdade de expressão de pensamento e de compreensão crítica dos conteúdos (dever correlato de dar conta do conteúdo programado); • Liberdade de associação; • Liberdade de pesquisa; • Direito de participação em órgãos acadêmicos colegiados; • Direito à existência de política de subsídios e de financiamento público dos estudos; • Liberdade de imprensa (imprensa universitária).
		Limites e controle institucionais	• Sujeito ao regime disciplinar institucional (assegurado o devido processo legal).
		Garantias institucionais	• Garantia contra prejuízos resultantes de avaliações capciosas (em face do docente); • Informações sobre o estudante obtidas no curso das atividades acadêmicas são protegidas contra divulgação indevida (sigilo profissional); • Garantia de exercício das liberdades civis, em atividades na universidade e fora dela.
		Deveres fundamentais	• Respeito às liberdades acadêmicas dos demais membros da comunidade.

CONSIDERAÇÕES FINAIS

Diversas foram as questões abordadas ao longo deste capítulo. A fim de melhor fixá-las, propõe-se a seguinte síntese conclusiva:

1. O ensino superior, em razão de sua relevância social, é considerado um serviço público, não-privativo do Estado, mas sujeito à regulamentação e à fiscalização estatal, tendo em vista a efetiva realização de padrões mínimos de qualidade.

2. A autonomia universitária consiste no grau de autogoverno necessário para que as instituições de educação superior tomem decisões eficazes em relação a suas atividades acadêmicas, normas, atividades administrativas e afins, em face de possíveis interferências governamentais. Tanto a liberdade de cátedra como a liberdade de aprendizagem, na doutrina nacional, são assumidas como um desdobramento da garantia constitucional da autonomia universitária.

3. A origem da proteção das liberdades acadêmicas remonta ao modelo universitário alemão (modelo humboldtiano de universidade) e assenta-se sobre um duplo alicerce: a liberdade de ensino (*lehrfreiheit*) e a liberdade de aprendizagem (*lernfreiheit*), que, associadas, conformam a idéia de liberdade acadêmica (*academic freedom*) na tradição universitária alemã.

4. A constituição estadunidense não consagra expressamente tais liberdades. Elas vêm sendo reconhecidas ora no âmbito das próprias instituições de ensino, em grande parte estimuladas pelos princípios estatuídos pela AAUP, ora pelas cortes federais que reconhecem serem as liberdades acadêmicas direitos constitucionais decorrentes da cláusula geral de proteção da Primeira Emenda, oponíveis a ingerências estatais no âmbito de liberdade das instituições públicas de ensino (excluídas as universidades particulares).

5. No âmbito internacional (UNESCO), significativos são os princípios e garantias enunciados através da "Declaração Mundial sobre Educação Superior para o Século XXI" (UNESCO, 1998) e da "Recomendação Relativa à Condição do Pessoal Docente do Ensino Superior" (UNESCO, 1997). Esses documentos internacionais são resultado de esforços de sistematização de uma visão de ensino superior e das garantias das liberdades acadêmicas a partir das diferentes experiências nacionais.

6. Ao final desse esforço conceitual, construiu-se um quadro esquemático que, antes de encerrar a discussão, pretende propor novas agendas de debates. Quando se delimita o conteúdo e o alcance da autonomia universitária e seus desdobramentos, é possível identificar pontos de tensão inerentes à própria noção de pluralidade de idéias

que pretende ser protegida no âmbito universitário. Esse conflito, temperado pelo princípio da colegialidade, perpassa as diferentes relações estabelecidas no seio universitário e também acaba por refletir no direito e na prestação jurisdicional.

Como foi salientado inicialmente, o presente capítulo tem como pano de fundo a eventual tensão entre a defesa da confessionalidade institucional e a liberdade de cátedra. Em face dos elementos aqui sumariamente apresentados, é possível vislumbrar um conjunto de aspectos que ainda carece de maior discussão teórica e de sistematização legal em nosso país. Para que se realize uma legítima defesa contra eventuais restrições à pluralidade de idéias inerente à confessionalidade, a qual é o desdobramento da identidade institucional, as instituições devem buscar uma síntese harmonizadora entre universidade e tolerância.

Nessa direção, através de uma análise perfunctória, é possível vislumbrar dois caminhos: 1. o fortalecimento da democracia interna através da defesa da idéia de colegialidade, que institucionaliza o debate e o mercado de idéias no ambiente universitário, 2. o reconhecimento que tanto a liberdade de cátedra (contra os dogmas instituídos) e o exercício da confessionalidade são garantias constitucionais que devem coexistir, impondo-se a necessidade de demarcar-lhes o âmbito de proteção.

A necessidade de criação de instrumentos efetivos de garantia de emprego e de defesa da liberdade de cátedra exsurge como uma necessidade premente frente à precariedade do vínculo empregatício que muito freqüentemente marca a relação entre o professor e a instituição. Não há garantia efetiva de liberdade de cátedra sem um mínimo de garantia de emprego. Por tais razões, repensar o modelo liberalizante adotado pelo Brasil na grande maioria das instituições de ensino de natureza privada é uma questão premente que vem à tona quando se pensa sobre autonomia universitária e liberdade de ensino e de conhecimento. Por outro lado, outra questão problemática que surge é o debate sobre o papel a ser desempenhado pelo Estado no controle e fiscalização do ensino superior, notadamente, quando se postula a possibilidade de interferência estatal (função regulatória) tendo em vista a promoção de determinadas áreas do saber eventualmente excluídas do debate universitário devido a possível choque com dogmas religiosos nas instituições confessionais.

A interferência estatal só se justifica pela imposição da observância de diretrizes curriculares abrangentes, pela realização de controle da prestação de contas de subvenções ou financiamentos diretos e pela avaliação periódica dos padrões de qualidade fixados. Em face desses limites, é possível através de uma análise preliminar sustentar que a instituição é livre para fazer suas opções axiológicas consubstanciadas em sua missão institucional, na construção de seu projeto de desenvolvimento institucional, no enfeixamento das atividades de ensino, pesquisa e extensão, e na fixação de metas e áreas prioritárias para o desenvolvimento de suas atividades de pesquisa e extensão. Por tais razões, não estariam as mesmas sujeitas a medidas estatais de promoção coercitiva de determinadas áreas temáticas para além do cumprimento das diretrizes curriculares gerais preconizadas nas diretivas estatais e da exigência de abordagem de determinadas correntes filosóficas ou científicas.

Ao invés de pretender dar respostas definitivas às instigantes questões que se apresentavam no início desta pesquisa, suscitou-se um universo muito maior de problemas que subjazem latentes ao debate sobre a liberdade de cátedra no país. No seio das tensões verificadas no âmbito de proteção da autonomia didático-científica, forjadas no fogo das paixões que movem a interface entre fé e ciência, deparou-se em vários momentos com a tentação de fazer falar, com a aparente moderação da *ratio*, a voz apaixonada da *emotio*, duas realidades que, na síntese que confere humanidade ao ser, constituem e forjam o "livre mercado das idéias do debate científico".

NOTAS

[1] Garantias constitucionais gerais são instituições que se inserem no mecanismo de freios e contrapesos dos poderes e, assim, impedem o arbítrio, com o que, ao

mesmo tempo, garantem e respeitam os direitos fundamentais (Silva, 1994).

[2] Por essa razão, a liberdade de aprendizagem, para além da "liberdade de compreensão crítica dos conteúdos do ensino" (Miranda, 2000), compreende, na tradição alemã, uma dimensão bem mais abrangente, que envolve: a liberdade de migrar de uma universidade alemã para outra; a liberdade para escolher entre os professores da mesma matéria; a quase irrestrita liberdade para integralização curricular (Kemp, 2005); e a liberdade de assistir, ou não, às aulas nas disciplinas (Standler, 2000).

[3] Os três âmbitos diferenciados de proteção são denominados, indistintamente, *academic freedom*. Quando não se puder estabelecer com precisão a qual das três dimensões o texto referenciado é relativo, será utilizada a expressão liberdade acadêmica. Do contrário, as demais dimensões serão preferidas.

[4] A primeira referência à liberdade acadêmica (*academic freedom*) em uma decisão da Suprema Corte ocorreu em um voto dissidente do Justice Douglas, no caso *Adlerv. Board of Education*, 342 U.S. 485, 508 (1952). Posicionamento esse confirmado no caso *Sweezy v. New Hampshire* (354 U.S. 234 (1957))-também não está nas referências, decisão que equiparou a proteção das liberdades acadêmicas à liberdade de expressão política, como se pode conferir do voto do Justice Warren, constantemente citado em matéria de *academic freedom*, na qual a Corte reconhece que as "liberdades" de expressão política e liberdade acadêmica são "áreas em que o governo deve ser extremamente reticente ao adentrar".

REFERÊNCIAS BIBLIOGRÁFICAS

ALEXY, Robert. **Teoria de los derechos fundamentales**. Madrid: Centro de Estudios Constitucionales, 1993. 607 p. Tradução de Ernesto Garzón Valdéz.

ALVIM, Gustavo. **Autonomia Universitária e Confessionalidade**. 2 ed. Piracicaba: Editora Unimep, 1995. 116 p.

AMERICAN Association of University Professors. **1940 Statement of Principles on Academic Freedom and Tenure** (with 1970 interpretative comments). Disponível em: <http://www.aaup.org/statements/Redbook/1940stat.htm>. Acesso em: 12 dez. 2005.

ANTONIAZZI, Alberto. A "Confessionalidade" na Universidade Católica. **Revista do Cogeime – Conselho Geral das Instituições Metodistas de ensino**. Piracicaba, a. 1, n. 1, pp. 95-103, 1992.

ANTONIO DA SILVA, José. **Curso de Direito Constitucional Positivo**. 9.ed. São Paulo: Malheiros, 1994. 768 p.

BASTOS, Celso Ribeiro; MARTINS, Ives Gandra. **Comentários à Constituição do Brasil**. v. 8. São Paulo: Saraiva, 1998. 1072 p.

BRASIL. **Constituição da República Federativa do Brasil** (1988). 31 ed. São Paulo: Ed. Saraiva, 2003.

BRASIL, **LDB**: Diretrizes e Bases da Educação Nacional: Lei n. 9.394 de 20 de dezembro

1996. Estabelece as diretrizes e bases da educação nacional. Publicado no Diário Oficial da União em 21 de dezembro de 1996. Disponível em: https://www.presidencia.gov.br. Acesso em: 03 de abril de 2006.

BROOKS, Brian G. Adequate Cause for Dismissal: the missing element in academic freedom. **Journal of College and University Law**. n. 22, pp. 331-361, fall, 1995. *[22 J. C. & U. L. 331]*

CHAUÍ, Marilena. **Escritos sobre a Universidade**. São Paulo: Editora UNESP, 2001. 205 p.

COELHO, Maria Francisca Pinheiro. Autonomia Universitária. In: FREITAG, Bárbara. **Anuário de Educação (1999-2000)**. Rio de Janeiro: Tempo Brasileiro, 2000. pp. 215-234.

CURRAN, Charles. Academic Freedom and Catholic Universities. **Texas Law Review**. Symposium on Academic Freedom. n. 66, pp. 1441-1455, jun. 1998 *[66 Tex. L. Rev. 1441]*

DI PIETRO, Maria Sylvia Zanella. **Direito Administrativo**. 5.ed. São Paulo: Atlas, 1994.

DUARTE, Clotildes Fagundes. **A Qualidade dos Serviços Educacionais e a Proteção do Código de Defesa do Consumidor**. Dissertação (Mestrado em Direito) – Curso de Pós-Graduação em Direito da Faculdade de História, Direito e Serviço Social, UNESP, Franca, 2001. 211 f.

HÄBERLE, Peter. **Libertad, Igualdad, Fraternidad**: 1789 como historia, actualidad y futuro del Estado Constitucional. Madrid: Trotta,1998. 96 p. Tradução de Ignácio G. Gutiérrez.

KEMP, Kenneth. **What is academic freedom?** Disponível em: <http:\\courseweb.stthomas.edu>. Acesso em: 13 dez. 2005.

KOMMERS, Donald P. **The Constitutional Jurisprudence of the Federal Republic of Germany**. 2nd. ed. Durhan; London: Duke University Press, 1997. 620 p.

MALISKA, Marcos Augusto. **O Direito à Educação e a Constituição**. Porto Alegre: SAFE, 2001. 304 p.

MELLO, Celso Antônio Bandeira de. **Curso de Direito Administrativo**. 14 ed. São Paulo: Malheiros, 2002. pp. 68-148.

MIRANDA, Jorge. **Manual de Direito Constitucional**. Tomo IV. 3 ed. Coimbra: Coimbra Editora, 2000. 564 p.

POPPER, Karl. **A Sociedade Aberta e seus Inimigos**. v. 1. Belo Horizonte: Itatiaia; São Paulo: EdUSP, 1987. 394 p.

RANIERI, Nina Beatriz. **Educação Superior, Direito e Estado**. São Paulo: EDUSP, 2000. 403 p.

RUSSO, Charles J.; GREGORY, David L. *Ex Corde Ecclesiae* and American Catholic Higher Education: Dead on Arrival? **Religion and Education**. University of Northern Iowa, v. 28, n. 1, pp. 58-74, Spring 2001.

SAMPAIO, Anita Lapa Borges de. **Autonomia Universitária**: um modelo de interpretação e aplicação do art. 207 da Constituição Federal. 1997. Dissertação (Mestrado em Direito) – Curso de Pós-Graduação em Direito e Estado, Universidade de Brasília, Brasília,

1997. 282 p.

SARLET, Ingo. **A Eficácia dos Direitos Fundamentais**. Porto Alegre: Livraria do Advogado, 1998. 386 p.

SARMENTO, Daniel. **Direitos Fundamentais e Relações Privadas**. Rio de Janeiro: Lumen Juris, 2004. 410 p.

STANDLER, Ronald B. **Academic freedom in the USA**. Disponível em: <http:\\www.rbs2.com/afree.htm>. Acesso em: 21 mar. 2005.

STEFFEN, Brian J. Freedom of the Private-University Student Press: a constitutional proposal. **AEJMC Conference Papers.** Jan. 2001, week 2. Disponível em: <http://list.msu.edu/cgi-bin/wa?A2=ind0101b&L=aejmc&T=0&P= 19045>. Acesso em: 12 nov. 2004.

STONE, G.; SEIDMAN, L.; SUNSTEIN, C.; TUSHNET, M. **Constitutional Law**. 4th. Ed. New York, NY: Aspen Law & Business, 2001. 1619 p.

TEUBNER, Günther. Societal constitutionalism: alternatives to State-centred constitutional theory. **Storrs Lectures 2003/04**. Yale Law School. Disponível em: <web.uni-frankfurt.de/fb01/teubner/pdf-dateien/Societal.pdf>. Acesso em: 13 mar. 2004.

UNESCO. Autonomy, Social Responsibility and Academic Freedom. Thematic debates on **World Conference on Higher Education**: higher education in the twenty-first century: vision and action. UNESCO, Paris, 5-9 October 1998. Disponível em: <http:\www.unesco.org>. Acesso em: 12 dez. 2005.

UNESCO. **Recomendación Relativa a la Condición del Personal Docente de la Enseñanza Superior.** Paris, 11 de noviembre de 1997. Disponível em: <http://portal.unesco.org/es/ev.php-URL_ID=13144&URL_DO=DO_TOPIC&URL_SECTION=201.html>. Acesso em: 12 dez. 2005.

UNESCO. **World Declaration on Higher Education for the Twenty-First Century**: Vision and Action and Framework for Priority Action for Change and Development in Higher Education. Adopted by World Conference on Higher Education: Higher Education in the Twenty-First Century: Vision and Action. UNESCO, Paris, 9 October 1998. Disponível em: <http:\\www.unesco.org>. Acesso em: 12 dez. 2005.

UNITED States of America. U. S. Supreme Court. Appeal from the Court of Appeals of New York n. 8. Opinion of Mr. Justice Minton. Decided in March 2, 1952. Appellants: Adler et. al. v. Board of Education of the City of New York. [342 U. S. 485 (1952)]. Disponível em: <http://laws.findlaw.com/us/342/485.html>. Acesso em: 12 jan. 2006.

UNITED States of America. U. S. Supreme Court. Appeal from the Supreme Court of New Hampshire n. 175. Opinion of Mr. Chief of Justice Warren, majority decision. Decided in June 17, 1957. Appellants: Sweezy v. New Hampshire. [354 U. S. 234 (1957)]. Disponível em: <http://laws.findlaw.com/us/354/234.html>. Acesso em: 12 jan. 2006.

VASSELAI, Conrado. **As Universidades Confessionais no Ensino Superior Brasileiro**: identidades, contradições e desafios. 2001. Dissertação (Mestrado em Educação) – Curso de Pós-Graduação em Educação, Universidade Estadual de Campinas, Campinas, 2001. 192 f.

WORLD University Service. **The Declaration on Academic Freedom and Autonomy of Institutions of Higher Education**. Lima, 10 September 1988. Disponível em: <http:\\www.cepes.ro/information_services/ sources/on_line/lima.htm>. Acesso em: 10 dez. 2005.

CAPÍTULO 7

Bibliografia Brasileira sobre Liberdade de Cátedra

Kátia Soares Braga

Esta bibliografia compila de forma sistematizada as referências de fontes de informação primárias e secundárias sobre o tema da liberdade de cátedra no Brasil. O seu papel central é o de simplificar e agilizar a busca de informações ou o levantamento bibliográfico realizado por pesquisadores, professores, estudantes e profissionais.

Foram sistematizadas 69 referências bibliográficas de livros em parte ou no todo, 31 de artigos de periódicos, 15 de dissertações de mestrado ou tese de doutorado e apenas 4 de eventos científicos no todo ou em parte sobre a liberdade de cátedra, publicadas em Língua Portuguesa, em período extemporâneo. A extemporaneidade das publicações deve-se à própria escassez de produção sobre o tema, sendo por esse motivo que se visou reunir a maior quantidade de literatura especializada. Por isso, há na bibliografia obras publicadas desde a década de 1950. Porém, percebe-se que há uma maior concentração de publicações na década de 1990, quando o debate sobre o tema parece ter se aquecido no Brasil.

Na maior parte das publicações, ao longo desses anos, o tema foi tratado do ponto de vista da doutrina jurídica e, sobretudo, da autonomia universitária e não da liberdade de cátedra mais especificamente. Por isso, além deste levantamento bibliográfico, também foi realizada uma busca sobre a legislação e a jurisprudência em vigor no ordenamento jurídico brasileiro de forma a subsidiar os autores dos capítulos deste livro e pesquisas futuras. Entretanto, em relação à jurisprudência sobre a liberdade de cátedra em específico, nada foi localizado nos tribunais brasileiros, exceto o processo em julgamento de Debora Diniz já mencionado neste livro.

Tanto na busca bibliográfica quanto na busca da legislação e jurisprudência foram pesquisados os seguintes assuntos relacionados à liberdade de cátedra: liberdade de ensino superior, liberdade acadêmica, autonomia universitária, religião e educação superior, instituição confessional de ensino, relação Estado e educação no ensino superior, e ensino laico. Esses assuntos foram pesquisados no Thesaurus Brasileiro de Educação (Brased), desenvolvido e mantido pelo Centro de Informação e Biblioteca em Educação (Cibec) do Instituto Nacional de Estudos e Pesquisas Educacionais Anísio Teixeira (INEP). O acesso a esse tesauro é público e pode ser feito no seguinte sítio da Internet: http://www.inep.gov.br/pesquisa/thesaurus/.

Quanto à cobertura lingüística, foram selecionadas as informações produzidas por autores brasileiros e publicações editadas em território nacional ou por editoras brasileiras. Entretanto, a literatura produzida e publicada em qualquer outra língua, ainda que de autores brasileiros, foi excluída desta bibliografia. O levantamento das referências foi realizado por meio da pesquisa remota às bases de dados bibliográficos das bibliotecas e editoras nacionais com acesso público pela Internet.

As referências bibliográficas estão arranjadas pelo tipo de documento, seja livro, artigo, dissertação ou tese e evento científico. Elas estão alfabetadas pelo último sobrenome do autor ou autora, seja pessoal ou entidade. Optou-se por não arranjá-las por ordem cronológica crescente ou decrescente devido à irregularidade temporal das publicações ao longo dos anos.

A liberdade de cátedra é um tema ainda pouco estudado, pesquisado e debatido no Brasil. Por isso, ainda é reduzida a quantidade de publicação de informação especializada nessa área. Nesse contexto, esta é uma bibliografia que reuniu as referências bibliográficas e a informação produzida no Brasil sobre o tema, ainda que escassa. O objetivo é justamente ocupar esse vácuo informacional e contribuir para que cada vez mais pesquisadores, professores, estudantes e profissionais se interessem pelo tema.

Bibliografia Brasileira sobre Liberdade de Cátedra

LIVRO (NO TODO E EM PARTE)

1. ALVIM, Gustavo Jacques Dias. **Autonomia universitária e confessionalidade**. Prefácio de Almir de Souza Maia. 2 ed. Piracicaba, SP: Universidade Metodista de Piracicaba, 1995.

2. AMARAL, Nelson Cardoso. **Autonomia**: um desafio para as IFES. Goiânia: Ed. da UFGO, 1996.

3. ANCEL, Alfred. **Reflexões sobre a liberdade de ensino**. Rio de Janeiro: [s.n.], 1962.

4. ARAGÃO, Alexandre Santos de. **A autonomia universitária no Estado contemporâneo e no direito positivo brasileiro**. Rio de Janeiro: Lumen Juris, 2001.

5. ATIQUE, Andraci Lucas Veltroni. **A autonomia constitucional das universidades privadas e o poder fiscalizador do Ministério da Educação**. São Paulo: [s.n.], 1999.

6. AUTONOMIA universitária: reflexão e proposta. Brasília: SEUS, 1994.

7. BARROS, Davi Ferreira. **Entre a autonomia e a competência**: tópicos em administração universitária. 2 ed. Piracicaba, SP: Ed. Unimep, 1998.

8. BERGE, André. **A liberdade na educação**. 2 ed. Rio de Janeiro: Agir, 1964.

9. BOAVENTURA, Elias. **Universidade e Estado no Brasil.** Piracicaba, SP: Unimep, 1989.

10. BRASIL. Comissão Nacional para a Reformulação da Educação Superior. **Uma nova política para a educação superior.** Brasília: Ministério da Educação, 1985.

11. CATANI, Afrânio Mendes et al. **Políticas públicas para a educação superior.** Piracicaba, SP: Unimep, 1997.

12. CATÃO, Francisco A. C. **A educação no mundo pluralista**: por uma educação da liberdade. São Paulo: Paulinas, 1993.

13. CHAUÍ, Marilena de Souza. **Escritos sobre a universidade.** São Paulo: Universidade Estadual Paulista, 2001.

14. COELHO, Maria Francisca Pinheiro. Autonomia universitária. In: FREITAG, Bárbara. (Org.). **Anuário de Educação (1999-2000).** Rio de Janeiro: Tempo Brasileiro, 2000. pp. 215-234.

15. COELHO, Maria Francisca Pinheiro. As Polêmicas Visões da Autonomia Universitária. In: FREITAG, Bárbara. (Org.). **Anuário de Educação (1997-1998).** Número especial: A Universidade em Destaque. Rio de Janeiro: Tempo Brasileiro, 1999. pp. 171-189

16. CONSELHO EPISCOPAL LATINO-AMERICANO. **Os cristãos na universidade.** Petrópolis: Vozes, 1968.

17. CORBUCCI, Paulo Roberto. **Avanços, limites e desafios das políticas do MEC para a educação superior na década de 1990**: ensino de graduação. Rio de Janeiro: IPEA, 2002.

18. CUNHA, Luiz Antônio. **A universidade crítica**: o ensino superior na república populista. Rio de Janeiro: F. Alves, 1983.

19. CUNHA, Luiz Antônio. **Qual universidade?** São Paulo: Cortez, 1989.

20. DERRIDA, Jacques. **A universidade sem condição**. São Paulo: Estação Liberdade, 2003.

21. DOURADO, Luiz Fernandes; CATANI, Afrânio Mendes. (Org.). **Universidade pública**: política e identidade institucional. Goiânia: Editora da UFG; Campinas: Autores Associados, 1999.

22. DURHAM, Eunice Ribeiro. **A autonomia universitária**: o principio constitucional e suas implicações. São Paulo: Nupes/USP, 1989.

23. DURHAM, Eunice Ribeiro. **Os desafios da autonomia universitária.** São Paulo: Nupes/USP, 1989.

24. FÁVERO, Maria de Lourdes de Albuquerque. A dimensão histórico-politica da nova Lei de Diretrizes e Bases e a Educação Superior. In CATANI, Afrânio Mendes (Org.). **Novas perspectivas nas políticas de educação superior na América Latina no Limiar do Século XXI**. Campinas: Autores Associados, 1998. p. 61.

25. FÁVERO, Maria de Lourdes de Albuquerque. **Da universidade "modernizada" à universidade disciplinada.** São Paulo: Cortez; Campinas: Autores Associados, 1991.

26. FÁVERO, Maria de Lourdes de Albuquerque. **Universidade do Brasil:** das origens à construção. Rio de Janeiro: UFRJ-INEP. 2000. v. 1.

27. FÁVERO, Maria de Lourdes de Albuquerque. **Universidade**

e **poder**: análise crítica: fundamentos históricos, 1930-45. Rio de Janeiro: Achiamé,1980.

28. FREIRE, Paulo; SHOR, Ira. **Medo e ousadia**: o cotidiano do professor. 10 ed. Rio de Janeiro: Paz e Terra, 2003.

29. GIANNAZI, Carlos Alberto. **A faculdade de filosofia da Universidade de São Paulo e o golpe militar de 1964**: as dificuldades para a manutenção da liberdade de cátedra antes e depois do Ato Institucional n. 5, 1964-1985. São Paulo: [s.n.], 1995. 2 v.

30. GODOY, Sônia Maria de Pinho. **Autonomia universitária na Constituição de 1988**. São Paulo: [s.n.], 1997.

31. HACK, Osvaldo Henrique. **Raízes cristãs do Mackenzie e seu perfil confessional**. São Paulo: Editora Mackenzie, 2003.

32. HESBURGH, Theodore Martin. **A relevância dos valores no ensino superior**. Brasília: Ed. da UnB, 1982.

33. KUCHENBECKER, Valter. **Aproveitamento e significado da disciplina de cultura religiosa em três universidades privadas do Rio Grande do Sul na percepção dos alunos**. Canoas: Ed. da Ulbra, 2001.

34. LEPARGNEUR, François Hubert. **Liberdade e diálogo em educação**: pesquisa para uma coordenação desses valores. Petrópolis: Vozes, 1971.

35. LIMA NETO, Newton. **Políticas para o ensino superior:** a reforma do Estado e a autonomia administrativa e financeira das universidades federais. Brasília: INEP. Núcleo de Análise Interdisciplinar da Política Educacional e Regulatória. Universidade Cândido Mendes, 2002.

36. LOPES, José Leite et al. **O poder e o saber**: a universidade em debate. São Paulo: ANDES; Rio de Janeiro: Marco Zero, 1984.

37. MACEDO, Gilberto de. **A universidade dialética**: consciência, liberdade e saber. 4 ed. Maceió: EDUFAL, 2000.

38. MACIEL, Marco. **Educação e liberalismo**. Rio de Janeiro: J. Olympio, 1987.

39. MARRAMAO, Giacomo. **Céu e terra**: genealogia da secularização. Tradução: Guilherme Alberto Gómez de Andrade. São Paulo: Ed. da UNESP, 1997.

40. MARTINS FILHO, Antônio. **Autonomia das universidades federais**. Fortaleza: Imprensa Universitária do Ceará, 1980.

41. MARTINS, Geraldo Moisés; NICOLATO, Maria Auxiliadora. (Org.) **Autonomia da universidade brasileira:** vicissitudes e perspectivas. 2 ed. Brasília: CRUB, 1987.

42. MARTINS, Waldemar Valle. **Liberdade de ensino:** reflexões a partir de uma situação no Brasil. São Paulo: Loyola, 1976.

43. MATTOS, Pedro Lincoln Carneiro Leão de. **As universidades e o governo federal**: a política de controle do governo em relação às universidades federais autárquicas e suas conseqüências sobre estruturas administrativas destas instituições. Recife: Ed. da UFPE, 1983. 219 p.

44. MICHEL, Juliana Lengler. **Autonomia universitária**. Florianópolis: Ed. da UDESC/DAPE, 1999.

45. NUSSENZVEIG, H. Moysés (Org.). **Repensando a universidade**. Rio de Janeiro: Universidade Federal do Rio de Janeiro, 2004.

46. OLIVEIRA, Betty Antunes de. **O estado autoritário brasileiro e o ensino superior**. São Paulo: Cortez; Campinas: Autores Associados, 1980.

47. OLIVEN, Arabela Campos. **A paroquialização do ensino superior**: classe média e sistema educacional no Brasil. Petrópolis: Vozes, 1990.

48. PAIM, Antônio Ferreira. **Liberdade acadêmica e opção totalitária**: um debate memorável. Rio de Janeiro: Artenova, 1979.

49. PENTEADO, Sílvia Ângela Teixeira. **Identidade e poder na universidade**. 2 ed. São Paulo: Cortez, 1998.

50. PINHEIRO, Mauricio. **A autonomia e o desempenho da universidade, segundo dirigentes universitários**. Rio de Janeiro: [s.n.], 1987.

51. QUILES, Ismael. **Princípios básicos da liberdade de ensino**. Rio de janeiro: AEC do Brasil, 1957.

52. RANIERI, Nina Beatriz Stocco. **Autonomia universitária**: as universidades públicas e a Constituição Federal de 1988. São Paulo: EDUSP, 1994.

53. RANIERI, Nina Beatriz Stocco. **Educação superior, direito e Estado na Lei de Diretrizes e Bases (Lei n. 9.394/96)**. São Paulo: EDUSP: Fapesp, 2000.

54. REZENDE, Antônio Muniz de. **O saber e o poder na universidade**: dominação ou serviço? São Paulo: Cortez, 1982.

55. ROGERS, Carl Ransom. **Liberdade de aprender em nossa década**. 2 ed. Porto Alegre: Artes Médicas, 1986.

56. ROGERS, Carl Ransom. **Liberdade para aprender**: uma visão de como a educação deve vir a ser. Belo Horizonte: Interlivros, 1975.

57. SALOMON, Délcio Vieira. **UFMG, resistência e protesto**: abril-junho 1979. Belo Horizonte: Vega,1979.

58. SAMPAIO, Anita Lapa Borges de. **Autonomia universitária**. Brasília: Universidade de Brasília, 2001.

59. SAMPAIO, Anita Lapa Borges de. **Autonomia universitária**: um modelo de interpretação e aplicação do art. 207 da Constituição Federal, Brasília: Ed. da UnB, 1998.

60. SCHWARTZMAN, Simon. **Ciência, profissões e a questão da autonomia**. São Paulo: Nupes/USP, 1997.

61. SIQUEIRA, Clecy Fonseca de. **Liberdade sem licença**. Recife: Unicap, 1978.

62. SOUZA, Paulo Renato de. **Autonomia universitária**: iniciando o debate. São Paulo: Ed. da UNICAMP, [198?].

63. SQUISSARDI, Valdemar; SILVA JÚNIOR, João dos Reis. **Políticas públicas para a educação superior**. Piracicaba: Ed. UNIMEP, 1997.

64. TRINDADE, Hélgio Henrique Casses. A autonomia segundo o MEC: fragilidade política e ambigüidade conceitual. In: TRINDADE, Hélgio Henrique Casses (Org.) **Universidade em ruínas**: na república dos professores. 3 ed. Petrópolis: Vozes; Rio de Janeiro: CIPEDES, 2001. pp. 171-176.

65. ULBRA: universidade confessional. Canoas, RS: Universidade Luterana do Brasil, 2000.

66. UNIVERSIDADE em questão. Brasília: Ed. da UnB, 2003.

67. UNIVERSIDADE FEDERAL DE PERNAMBUCO. **Autonomia didático-científica e suas conseqüências no sistema de ensino superior na ótica da nova lei de diretrizes e bases da educação brasileira**. Recife: PROACAD- UFPE. 1998.

68. WEBER, Max. **Sobre a universidade**: o poder do Estado e a dignidade da profissão acadêmica. São Paulo: Cortez, 1989.

69. YAZBECK, Lola; MENEZES, Dalva Carolina de. **As origens da universidade de Juiz de Fora**. Juiz de Fora: Universidade Federal de Juiz de Fora, 1999.

ARTIGO DE PERIÓDICO

70. AMADO, Wolmir. Autonomia universitária e liberdade acadêmica. **O Popular**, Goiânia, 03 abr. 2004.

71. ANTONIAZZI, Alberto. A confessionalidade na Universidade Católica. **Revista do Conselho Geral das Instituições Metodistas de Ensino**, n. 1, 1992.

72. BROTTI, Maria Gorete. Autonomia: um estudo na Universidade Estadual do Oeste do Paraná – Unioeste. **Avaliação**: revista da rede de avaliação institucional da educação superior, Campinas, SP, v. 6, n. 1, pp. 69-84, mar. 2001.

73. DURHAM, Eunice Ribeiro. A autonomia universitária. **Educação Brasileira**, v. 11, n. 23, pp. 51-65, jul./dez. 1989.

74. FAVERO, Maria de Lourdes de Albuquerque. Autonomia e poder nas universidades: impasses e desafios. **Perspectiva**, Florianópolis, SC, v. 22, n. 1, pp. 197-226, jan./jun. 2004.

75. FAVERO, Maria de Lourdes de Albuquerque. Poder e participação em instituições particulares. **Educação Brasileira**, v. 3, n. 6, pp. 29-41, jan./jun. 1981.

76. FERNANDEZ NETO. Atahualpa. A (Constitucional) liberdade de ensinar: breves notas sobre a docência e o aprendizado do Direito. **Movendo Idéias**, Belém, v.4, n.5, pp. 27-29, jun. 1999.

77. HINGEL, Murílio de Avellar. Universidade: a autonomia necessária. **Educação Brasileira**, v. 14, n. 29, pp. 11-15, jul./dez. 1992.

78. IDÉIAS educacionais: entre o laico e o religioso. **Educação e Filosofia,** Uberlândia, v. 18, n. Especial, pp. 173-174, maio 2004.

79. JACOB, Elias Antônio. Autonomia universitária. **Educação Brasileira**, v. 11, n. 22, pp. 87-91, jan./jun. 1989.

80. JOÃO PAULO II, Papa. **Ex Corde Ecclesiae** (sobre as universidades católicas). Roma: Libreria Editrice Vaticana, 1990. Disponível em: < http://www.vatican.va/holy_father/john_paul_ii/apost_constitutions/documents/hf_jp-ii_apc_15081990_ex-corde-ecclesiae_po.html>. Acesso em: 15 mar. 2006.

81. JUNQUEIRA, Sérgio Rogério Azevedo. Construir espaços não imaginados interpretando a fluidez dos tempos. **Diálogo Educacional**, v. 4, n. 9, pp. 59-79, maio/ago. 2003.

82. LOPES, José Leite. Reflexões sobre a universidade. **Educação Brasileira**, v. 7, n. 15, pp. 103-112, jul./dez. 1985.

83. MAAR, Wolfgang Leo. Autonomia universitária: uma questão de prática democrática. **Educação e Sociedade**, n.22, pp. 20-27, set./dez. 1985.

84. MANCEBO, Deise. Autonomia universitária: reformas propostas e resistência cultural. **Universidade e Sociedade**. São Paulo, v. 8, n. 15, pp. 51-59, fev. 1998.

85. MARQUES, Juracy Cunegatto. Que faz a universidade: suas propostas e seus papeis sociais **Educação – PUC/RS,** Rio Grande do Sul, v. 16, n. 25, pp. 19-34, jun./dez. 1993.

86. MATTOS, Pedro Lincoln Carneiro Leão de. Administração e mudança nas universidades federais: questões-chave. **Educação Brasileira**, v. 13, n. 26, pp. 29-49, jan./jul. 1981.

87. MOLINAR, Olac Fuentes. Universidade e democracia: voltando o olhar para a esquerda. **Cadernos de Pesquisa**, n.19, pp. 44-55, nov. 1991.

88. MOROSINI, Marilia Costa. O cartorial e a liberdade acadêmica do ensino superior brasileiro. **Ciência e Cultura**, v. 47, n. 7, parte 2, pp. 203-204, jul. 1990.

89. NÓBREGA, Francisco Pereira. A universidade e a problemática político-social. **Educação Brasileira**, v. 2, n. 4, pp. 77-96, jan./jun. 1980.

90. OLIVEIRA, José Alves de; OLIVEIRA, Abdias Bispo de. A crise das universidades brasileiras: a autonomia didático-científica. **Educação Brasileira**, v. 2, n. 4, pp. 197-214, jan./jun. 1980.

91. OLIVEIRA, Renato José de. A atualidade do debate sobre autonomia universitária. **Interface**: comunicação, saúde, educação, v.3, n.4, pp. 53-62, fev. 1999.

92. OLIVEIRA, Sirlene de Castro; ARAÚJO, José Carlos Souza. Ensino laico e religioso na ótica da imprensa uberabense (1924-1934). **Educação e Filosofia,** Uberlândia, v. 18, n. Especial, pp. 213-236, maio 2004.

93. PEREIRA, Itan. A universidade ainda em busca de novos rumos. **Educação Brasileira**, v. 11, n. 22, pp. 289-298, jan./jun. 1989.

94. PIOLLA, Gilmar. Autonomia universitária já! **Diálogo Educacional**, Curitiba, v. 3, n. 5, pp. 109-112, jan./abr. 2002.

95. RIBEIRO, Renato Janine. Universidade: autoridade e democracia. **Educação Brasileira**, v. 15, n. 31, pp. 27-35, jul./dez. 1993.

96. RODRIGUES, Neidson. Autonomia x Universidade. **Educação e Sociedade**, n.11, pp. 5-24, jan. 1982.

97. SANTOS FILHO, Onofre dos. Da liberdade e da competência acadêmica **Educação Brasileira**, v. 17 n. 35, pp. 11-37, jul./dez. 1995.

98. SANTOS, José Henrique; SANTOS, Ângela Lúcia Mascarenhas. Situação das ciências humanas na UFMG. **Educação Brasileira**, v. 1, n. 1, pp. 117-128, jan./abr. 1978.

99. SCHULZ, Almiro. Educação superior presbiteriana no Brasil. **Educação e Filosofia,** Uberlândia, v. 18, n. Especial, pp. 175-192, maio 2004.

100. WANDERLEY, Luiz Eduardo Wandemarin. Democratização

universitária: o caso da PUC – São Paulo. **Educação Brasileira**, v. 8, n. 16, pp. 125-145, jan./jun. 1986.

EVENTO CIENTÍFICO (NO TODO E EM PARTE)

101. ASSOCIAÇÃO BRASILEIRA DE REITORES DAS UNIVERISADES ESTADUAIS E MUNICIPAIS. Autonomia universitária: instrumentos de gestão. In: **Fórum de Reitores das Universidades Estaduais e Municipais**, 20, Taubaté, SP: ABRUEM; Universidade de Taubaté, 1996.

102. FRANCO, Maria Estela Dal Pai. A cultura da universidade e as ingerências do Estado: o caso da UFRGS. In: **Reunião anual da Anped**, 12, São Paulo. [S.l : s.n.], 1989.

103. MOROSINI, Marília Costa. Liberdade acadêmica tupiniquim: a relação entre os órgãos colegiados acadêmicos e os professores em sala de aula na decisão do ensino universitário. In: Encontro dos pesquisadores em educação na região sul, 9, 1989, Florianópolis. **Anais do...** Florianópolis: UFSC, 1989.

104. MOROSINI, Marilia Costa; HENKES, E.; STEVANIN, M.; MANFRIM, M. Ordem e progresso: a liberdade do ensino. In: Salão de iniciação científica, 3, 1991, Porto Alegre. **Resumo do...** Porto Alegre: Universidade Federal do Rio Grande do Sul, 1991. v. 2.

DISSERTAÇÃO DE MESTRADO OU TESE DE DOUTORADO

105. ALMEIDA, José de Ribamar dos Santos. **Cultura, valores, ritos, rituais organizacionais**: um estudo de caso na

Universidade Estadual do Maranhão. 2000. Dissertação (Mestrado) – Centro sócio-econômico, Universidade Federal de Santa Catarina, Florianópolis, 2000.

106. BROTTI, Maria Gorete. **Autonomia na Universidade Estadual do Oeste do Paraná**. 2000. Dissertação (Mestrado) - Centro Sócio-Econômico, Universidade Federal de Santa Catarina, Florianópolis, 2000.

107. EHRHARHRDT, Nelci. **Confessionalidade na instituição educativa como concretude da ética luterana na educação**. 2003. 71f. Monografia (Especialização em Administração na Educação) - Universidade Luterana do Brasil, Carazinho, 2003.

108. HARDT, Lúcia Schneider. **Os fios que tecem a docência**... 2004, 257f. Tese (Doutorado em Educação) – Faculdade de Educação. Programa de Pós-Graduação em Educação, Universidade Federal do Rio Grande do Sul, Porto Alegre, 2004.

109. MELO, Pedro Antônio de. **Autonomia universitária**: reflexos nas universidades estaduais paulistas. 1998. (Mestrado) - Centro Sócio-Econômico, Universidade Federal de Santa Catarina, Florianópolis, 1998.

110. PENTEADO, Sílvia Ângela Teixeira. **Identidade e poder**: um estudo da gestão compartilhada na universidade. 1996. (Doutorado em Educação) – Faculdade de Educação. Programa de Pós-Graduação em Educação, Universidade de São Paulo, São Paulo, 1996.

111. PIMENTEL, Marília Araújo Lima. **Relações entre estado e universidade no Brasil (1960-1978)**: o discurso e a ação do Conselho Federal de Educação no projeto de autonomia

universitária, 1991. (Doutorado em Educação) – Faculdade de Educação, Universidade Federal do Rio de Janeiro, Rio de Janeiro, 1991.

112. RANIERI, Nina Beatriz Stocco. **A autonomia universitária na perspectiva histórica e no direito.** 1992. (Mestrado) - Pontifícia Universidade Católica de São Paulo, São Paulo, 1992.

113. REIS, Adolfo Egídio. **Fatores que interferem no exercício da autonomia das universidades federais brasileiras**: o caso da Universidade Federal de Viçosa. 1996. (Mestrado) - Centro Sócio-Econômico, Universidade Federal de Santa Catarina, Florianópolis, 1996.

114. SAMPAIO, Anita Lapa Borges de. **Autonomia universitária**: um modelo de interpretação e aplicação do art. 207 da Constituição Federal. 1997. Dissertação (Mestrado em Direito) - Curso de Pós-Graduação em Direito e Estado, Universidade de Brasília, Brasília, 1997.

115. SILVA, José Paulino da. **Um estudo sobre a autonomia da universidade brasileira.** 1980. (Mestrado em Educação) - Instituto de Estudos Avançados em Educação, Departamento de Filosofia da Educação, Fundação Getúlio Vargas, 1980.

116. VASCONCELLOS, Isac João de. **A face oculta da autonomia universitária**: desafios e perspectivas da UERJ. 1998. Tese (Doutorado em Educação) - Conselho Nacional de Desenvolvimento Científico e Tecnológico, Pontifícia Universidade Católica do Rio de Janeiro, Rio de Janeiro, 1998.

117. VASSELAI, Conrado. **As universidades confessionais no ensino superior brasileiro**: identidades, contradições e desafios. 2001. 139f. Dissertação (Mestrado) - Faculdade de Educação, Universidade Estadual de Campinas, Campinas, 2001.

118. MENEZES, Dalva Carolina de. **Do ensino superior confessional ao laico:** as origens da Universidade de Juiz de Fora. 1997. (Doutorado em Educação) - Departamento de Educação, Pontifícia Universidade Católica do Rio de Janeiro, 1997.

119. ZANELLA, Clenia Maria. **Tensões institucionais e trabalho acadêmico:** a experiência da Universidade de Caxias do Sul - Campus de Videira. 2001. (Mestrado em Educação) - Centro de Ciências da Educação, Universidade Federal de Santa Catarina, Florianópolis, 2001.

Índice de Autor

ALMEIDA, José de Ribamar dos Santos	105
ALVIM, Gustavo Jacques Dias	1
AMADO, Wolmir	70
AMARAL, Nelson Cardoso.	2
ANCEL, Alfred	3
ANTONIAZZI, Alberto	71
ARAGÃO, Alexandre Santos de	4
ARAÚJO, José Carlos Souza	92
ASSOCIAÇÃO BRASILEIRA DE REITORES DAS UNIVERISADES ESTADUAIS E MUNICIPAIS	103
ATIQUE, Andraci Lucas Veltroni	5
BARROS, Davi Ferreira	7
BERGE, André	8
BOAVENTURA, Elias	9
BRASIL. Comissão Nacional para a Reformulação da Educação Superior	10
BROTTI, Maria Gorete	72, 106
CATANI, Afrânio Mendes	11, 21
CATÃO, Francisco A. C.	12
CHAUÍ, Marilena de Souza	13
COELHO, Maria Francisca Pinheiro	14, 15
CONSELHO EPISCOPAL LATINO-AMERICANO	16
CORBUCCI, Paulo Roberto	17
CUNHA, Luiz Antônio	18, 19
DERRIDA, Jacques	20
DOURADO, Luiz Fernandes	21
DURHAM, Eunice Ribeiro	22, 23, 73
EHRHARHRDT, Nelci	107
FÁVERO, Maria de Lourdes de Albuquerque	24, 25, 26,

	27, 74, 75
FERNANDEZ NETO, Atahualpa	76
FRANCO, Maria Estela Dal Pai	102
FREIRE, Paulo	28
FREITAG, Bárbara.	14, 15
GIANNAZI, Carlos Alberto	29
GODOY, Sônia Maria de Pinho	30
HACK, Osvaldo Henrique	31
HARDT, Lúcia Schneider	108
HENKES, E.	104
HESBURGH, Theodore Martin	32
HINGEL, Murílio de Avellar	77
JACOB, Elias Antônio	79
JOÃO PAULO II, Papa	80
JUNQUEIRA, Sérgio Rogério Azevedo	81
KUCHENBECKER, Valter	33
LEPARGNEUR, François Hubert	34
LIMA NETO, Newton	35
LOPES, José Leite	36, 82
MAAR, Wolfgang Leo	83
MACEDO, Gilberto de	37
MACIEL, Marco	38
MANCEBO, Deise	84
MANFRIM, M.	104
MARQUES, Juracy Cunegatto	85
MARRAMAO, Giacomo	39
MARTINS FILHO, Antônio	40
MARTINS, Geraldo Moisés	41
MARTINS, Waldemar Valle	42
MATTOS, Pedro Lincoln Carneiro Leão de	43, 86
MELO, Pedro Antônio de	109
MENEZES, Dalva Carolina de	69, 118
MICHEL, Juliana Lengler	44
MOLINAR, Olac Fuentes	87

MOROSINI, Marilia Costa	88, 103,104
NÓBREGA, Francisco Pereira	89
NUSSENZVEIG, H. Moysés	45
OLIVEIRA, Abdias Bispo de	90
OLIVEIRA, Betty Antunes de	46
OLIVEIRA, José Alves de	90
OLIVEIRA, Renato José de	91
OLIVEIRA, Sirlene de Castro	92
OLIVEN, Arabela Campos	47
PAIM, Antônio Ferreira	48
PENTEADO, Sílvia Ângela Teixeira	49, 110
PEREIRA, Itan	93
PIMENTEL, Marília Araújo Lima	111
PINHEIRO, Mauricio	50
PIOLLA, Gilmar	94
QUILES, Ismael	51
RANIERI, Nina Beatriz Stocco	52, 53, 112
REIS, Adolfo Egídio	113
REZENDE, Antônio Muniz de	54
RIBEIRO, Renato Janine	95
RODRIGUES, Neidson	96
ROGERS, Carl Ransom	55, 56
SALOMON, Délcio Vieira	57
SAMPAIO, Anita Lapa Borges de	58, 59, 114
SANTOS FILHO, Onofre dos	97
SANTOS, Ângela Lúcia Mascarenhas	98
SANTOS, José Henrique	98
SCHULZ, Almiro	99
SCHWARTZMAN, Simon	60
SHOR, Ira	28
SILVA JÚNIOR, João dos Reis	63
SILVA, José Paulino da	115
SIQUEIRA, Clecy Fonseca de	61
SOUZA, Paulo Renato de	62

SQUISSARDI, Valdemar 63
STEVANIN, M. 104
TRINDADE, Hélgio Henrique Casses 64
UNIVERSIDADE FEDERAL DE PERNAMBUCO. 67
VASCONCELLOS, Isac João de 116
VASSELAI, Conrado 117
WANDERLEY, Luiz Eduardo Wandemarin 100
WEBER, Max 68
YAZBECK, Lola 69
ZANELLA, Clenia Maria 119

Sobre os Autores

Debora Diniz é doutora em Antropologia, professora da Universidade de Brasília e pesquisadora da Anis: Instituto de Bioética, Direitos Humanos e Gênero. Atualmente, faz parte do Conselho Diretor da Feminist Approaches to Bioethics Network e da International Association of Bioethics. (anis@anis.org.br)

Kátia Soares Braga é mestre e doutoranda em Ciência da Informação. É também bibliotecária da Câmara dos Deputados e diretora da Anis: Instituto de Bioética, Direitos Humanos e Gênero. (anis@anis.org.br)

Luiz Magno Pinto Bastos Junior é professor de Direito Constitucional e Processo Constitucional da UNIVALI. Graduado em Direito pela UFPA e mestre em Direito Público pela UFSC, é integrante do Ministério Universidades Renovadas, movimento da Igreja Católica/RCC. (lmagno@univali.br)

Martha Nussbaum é pós-doutora em Filosofia e professora da cátedra Ernst Freund de Direito e Ética da Universidade de Chicago, nos Estados Unidos. É filiada ao Comitê para Estudos da Ásia e membro do Comitê de Estudos de Gênero na mesma Universidade. (martha_nussbaum@law.uchicago.edu)

Roger Rios é juiz federal, mestre e doutor em Direito pela UFRGS e pesquisador associado ao NUPACS/UFRGS. Atualmente, é membro do Centro Latino-Americano em Sexualidade e Direitos Humanos – CLAM e do ICHRP - International Council on Human Rights Policy. (algerio@uol.com.br)

Luiz Henrique Cademartori é mestre em Direito Público pela UFSC e professor do curso de mestrado e graduação em Direito da UNIVALI. Atualmente, é assessor jurídico do órgão de Controle de Constitucionalidade – CECCON - do Ministério Público de Santa

Catarina e consultor do INEP e SESu – MEC para avaliação de cursos de Direito no território nacional. Também é autor de obras e artigos sobre Direito Público. (luiz.hc@terra.com.br)

Samantha Buglione é mestre em Direito Público pela PUCRS, doutoranda em Ciências Humanas na UFSC e professora de Introdução ao Direito e Bioética na UNIVALI/SJ-SC. Já desenvolveu pesquisas na área de direitos sexuais e reprodutivos como bolsista da Fundação MacArthur e foi assessora da ONG Themis. (sbuglione@uol.com.br)

LetrasLivres
ANIS: Instituto de Bioética, Direitos Humanos e Gênero
Caixa Postal 8011 – CEP 70673-970 Brasília-DF
Fone/Fax: 55 (61) 3343-1731
letraslivres@anis.org.br - http://www.anis.org.br

Livraria do Advogado Editora Ltda.
Rua Riachuelo, 1338 – CEP 90010-273 Porto Alegre-RS
Fone/fax: 0800-51-7522
editora@livrariadoadvogado.com.br – http://www.doadvogado.com.br